一起探索好的家庭教育，
为父母和孩子提供更多向上生长的可能性。

Together we explore and understand the answer of the ultimate question: what is good parenting?

照片摄影：Mona Xia

有娃前后,生活大不同

夜生活意味着浪漫和情调。

恭喜!准备什么时候要孩子?

恭喜!准备什么时候要老二?

有没有夜生活取决于哄睡。

一人吃饱全家不饿。

精算全家衣食住行。

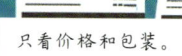
只看价格和包装。

只看营养表和添加剂。

养育孩子的过程也是父母成长的过程。有孩子后，我们会经历观念的变化，会获得技能的增长。家是另一个学校，父母是进步的学生。

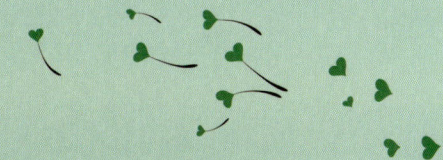

学会"拥抱麻烦"

我们一开始都是做父母的新手，来自孩子的挑战也是爸妈成长的"酵母"，促使我们不停地反思和改进。我们悄悄经历了蜕变，冲破隔阂、摒弃无知、不再盲目，因为我们发现，家是孩子和爸爸妈妈一起长大的地方。

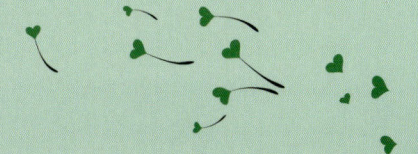

家是另一个学校

一起成长 Grow With You

教育孩子，从父母教育自己开始。

父母可以成为孩子最好的"同学"：

在陪伴中言传身教，

在互动中践行爱的教育；

不忽视每处细节，

不停止检阅自己。

成长可以蔓延一生，

想要给孩子榜样的力量，

父母就要执着地把握自我栽培的机会。

让父母成为父母，才能让孩子成为自己。

家是另一个学校
家庭教育思维工具

刘晓 程毅 —— 著

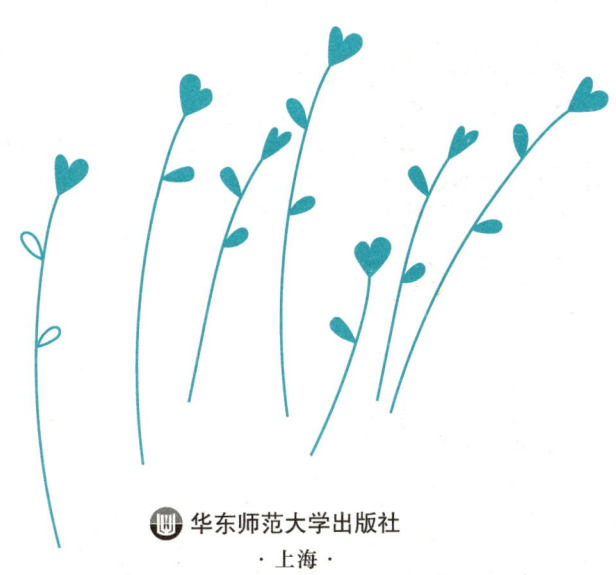

华东师范大学出版社
·上海·

图书在版编目(CIP)数据

家是另一个学校:家庭教育思维工具/刘晓,程毅著.—上海:华东师范大学出版社,2022
 ISBN 978-7-5760-3433-2

Ⅰ.①家… Ⅱ.①刘…②程… Ⅲ.①家庭教育 Ⅳ.①G78

中国版本图书馆 CIP 数据核字(2022)第 224091 号

家是另一个学校
家庭教育思维工具

著　　者	刘　晓　程　毅
责任编辑	林青荻
责任校对	董　亮　时东明
装帧设计	高静芳　刘怡霖

出版发行	华东师范大学出版社
社　　址	上海市中山北路 3663 号　邮编 200062
网　　址	www.ecnupress.com.cn
电　　话	021-60821666　行政传真 021-62572105
客服电话	021-62865537　门市(邮购)电话 021-62869887
地　　址	上海市中山北路 3663 号华东师范大学校内先锋路口
网　　店	http://hdsdcbs.tmall.com
印 刷 者	上海龙腾印务有限公司
开　　本	787 毫米×1092 毫米　1/16
印　　张	13.75
插　　页	4
字　　数	161 千字
版　　次	2023 年 2 月第 1 版
印　　次	2023 年 5 月第 2 次
书　　号	ISBN 978-7-5760-3433-2
定　　价	68.00 元

出版人　王　焰

(如发现本版图书有印订质量问题,请寄回本社客服中心调换或电话 021-62865537 联系)

目录

前言 … 001

上篇　做父母，审时度势、顺势而为

第一章　有娃以后才明白的道理 … 003

逆袭传统幸福观　003
　　思维工具：为人父母的价值和意义　009
家庭教育中的遗憾　011
　　思维工具：少留遗憾的教育　014
如何定位父母角色　016
　　思维工具：父母角色的四个角度　018

第二章　人尽其才　物尽其用 … 021

睡觉前如何陪孩子聊天　021
　　思维工具：睡前三问　023
寻找最佳点　024
装上滑轮的兔子　027
　　思维工具：最佳点　030
　　思维工具：寻找最适合自己的职业　031

第三章 家庭教育也有顶层设计?	033
学术成就＝未来成才?	035
改变墙上的影子	036
思维工具：家庭教育的顶层设计	040
给孩子的"优点墙"	042
思维工具：家里的"优点墙"	048

第四章 只盯着孩子，怎么可能成功?	051
特殊的双面镜	051
思维工具：我孩子的优点和缺点	054
做父母的五层境界	056
思维工具：父母的五层境界	058
教育即生长	059

第五章 放下成见 无为而治	061
赢在无形中	061
"隐形"大盗的故事	062
盲区和未知	064
思维工具：家庭教育中的"周哈里窗"	066
思维工具：想一想(THINK)	069

中篇　做父母，直面挑战、躬身入局

第六章　电脑产品到底是福是祸 ---------- 073
　　网络"原住民" 073
　　妈妈，我可以玩电脑游戏吗 076
　　　　思维工具：脑—心—手 079
　　电子海洛因的背后 080
　　儿子，让我采访你 084

第七章　谁没有个青春期？ ---------- 087
　　青春期的烦"脑" 087
　　乖孩子不能说的秘密 090
　　高明的谈判艺术 095
　　　　思维工具：六招沟通法 101
　　给孩子写信 103

第八章　情绪这个怪兽 ---------- 107
　　什么是事实？什么是观点？ 109
　　　　思维工具：事实和观点 110

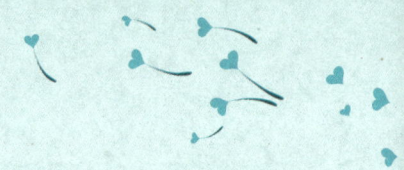

"安全岛" 112

　　思维工具："安全岛" 115

吹灭四十根蜡烛 116

第九章　时间管理的博弈 121

什么是时间 122

　　思维工具：您是哪种类型的家长？ 124

　　思维工具：时间预估 126

紧急重要，排一排 127

时间都去哪儿了？ 130

　　思维工具：时间日志 131

　　思维工具：8小时的自由时间 132

第十章　没有目标，将会处处逆风 133

请问你要去哪儿？ 134

如何成为8%的人？ 137

　　思维工具：成为8%的人 140

做个"聪明人" 141

　　思维工具：成为"聪明人" 144

下篇　做父母，上善若水、厚德载物

第十一章　玩耍—激情—使命 149
从陪玩开始了解孩子　149
补充型快乐　152
　　思维工具：陪孩子玩什么？　155
触摸更高的目标　157
三个孩子的故事　160

第十二章　从"为什么"开始，激发内驱力 165
黄金三圈　165
如何寻找和培养使命感？　167
　　思维工具：寻找使命感　170

第十三章　善良是人生的必修课 173
从独善其身到兼济天下　173
麦当劳叔叔之家　177

第十四章　乐观是最好的礼物 179

乌云的银边　　　　　　　　　　　180
　　思维工具：悲观 VS 乐观　　　　184
感谢人生中的"象鼻虫"　　　　　　185
乐观，可以学得会　　　　　　　　186
　　思维工具：ABCDE 从危机中寻找契机　　188

第十五章　让孩子做自己真的那么难吗？ 193

是否要霸占导演角色？　　　　　　194
翁格玛丽效应　　　　　　　　　　196
　　思维工具：三步改变人生　　　　199
SOAR 让你的优势飞翔　　　　　　199
　　思维工具：SOAR　　　　　　　201

后　记　　　　　　　　　　　　　　203

前言

两条小鱼儿在水里游啊游,恰好遇到一条老鱼迎面游过来。老鱼对它们点了点头,表示致意,然后问:"小朋友们早啊!今天的水怎么样啊?"小鱼们没有回答,而是继续往前游着。游了一会儿,其中一条小鱼终于忍不住了,好奇地问同伴:"你说,水到底是什么?"

听完这个故事,也许你会为两条小鱼的无知而会心一笑。这个故事来自作家大卫·福斯特·华莱士在一场大学毕业典礼的发言,题目叫作《这就是水》(*This is Water*)。

这个故事隐喻了一个很深刻的教育内涵,耐人寻味:"小鱼"可能就是我们父母自己,"水"则是孩子成长所处的环境和受到的熏陶等。

如果把小鱼的对话翻译一下,大概应该是:

"嘿,我们怎么教育孩子?"

"啊?什么是教育?"

其实在家庭生活中,教育无处不在,点点滴滴都可能是教育;但是往往这么显而易见、也是最重要的东西,反而成为了最难被察觉的,让我们身在其中却不知其解。

教育只是学校老师的事情吗?教育就是成绩和分数?其实不然,真正的教育,隐藏于家庭成员互动的一言一行中,以至于我们必须不断地提醒自己:"这就是水,所有一切对孩子而言都是教育经历。"

我们是普通的父母,会冲着孩子大喊大叫,气得捶胸顿足;也会在骂过孩子以后深深地自责,埋怨自己为什么不能多点耐心。我们也会焦虑是否要逼着孩子学习各种才艺,也会担心孩子成人以后是否能在社会上立足。我们忙完一天,偶尔会感叹"有娃真累""当初不知道带娃这么辛苦啊""早知道只要一个就好了"。但是,这种累也不能阻止我们,望着熟睡的两张小脸欣慰一笑,感叹世界有他们竟然如此美好。

在学校接受教师培训的时候,会有整本整本的册子教我们怎么做好教育工作。校领导还会经常来听课,提供反馈和改进的建议;在公司上班,老板也会强调工作流程、绩效考核的各种标准,指导我们高效完成任务。定期的各类培训也会让我们不断拓展知识和提高效率。当然,无论在哪儿,都有团队来帮助和支持我们。遇到困难,会有很多人一起分担和一起解决。万一考核失败、绩效不达标,总还有再来的机会。

但是,在家庭生活中,我们都是无证上岗的父母,也没有专门的培训,更缺乏考核和反馈。每天,我们感觉是盲人摸象、投石问路,做一点、矫正一点。不知道具体的标准和要求,也不知道下一步的行动方案。更糟糕的是,教育失败的成本太高了!常有不幸的故事冲击着我们的神经,以至于,我们生怕自己一旦做错什么,会造成无法弥补的后果。

幸运的是,在过去的十年当中,我们有机会参加了无数的教育讲座,攻读了很多的教育名著,跟无数的专家请教学习。更重要的是,在每天跟两个孩子的磨合当中,我们时刻在受教、时刻在反思。

我们是在中国接受了传统教育,带有自己独特的原生家庭的特点。我们在中美文化背景下生活,接受两种教育体系的冲击,不得不时刻批判性地看待出现的问题。渐渐地,我们认识到了自己的局限性,学会开始打破一些惯性思维,纠正一些观念偏差。

本书围绕十五个主题,分上篇、中篇、下篇展开,希望能让各位父母通过提高认知和勤于实践,在家庭教育中体会到"归之若水"的喜悦。

上篇是"审时度势、顺势而为",我们探讨五个认知的转变。家庭教育所处的大环境是真实而无奈的,从普遍的教育焦虑到教育遗憾,从"快乐教育"的本质到教育分层的现状,从父母的角色定位到父母的自我成长,我们提出自己的观察和思考。当大环境无法改变时,我们仍然可以改变自己,以顺应大环境变化带来的挑战。

中篇是"直面挑战、躬身入局",聚焦家长普遍关心的五个问题:如何引导孩子使用电子产品,怎么跟青春期的孩子进行沟通,怎么了解孩子的情绪并处理复杂情绪,以及跟孩子分享时间管理和目标实现的方法。跟孩子相处的每一天，我们不是在解决想象中的问题，而是在回应真实的挑战。探寻脑科学、心理学和行为学的相关知识，让我们有备而战。

下篇是"上善若水、厚德载物"，最美好的教育一定注重品格、情操、胸怀的培养，这些也是父母可以在家庭中引导的；从玩开始，在玩当中发现兴趣和激情，最后发掘孩子的内驱力和使命感。面对生活的变数，积极乐观，遵从孩子的内心。

全书中探讨的十五个话题来源于我们在不同场景跟不同的朋友探讨得出的一些思考，所以书中会用一些对话形式尽可能还原我们当时的思考过程，包括准妈妈派对、一对一家长会、校长座谈会、教师培训、义工活动等。之所以这么安排是因为家庭教育离不开社会环境里的人和事，对于教育的本真觉察，也隐匿在身边这些平凡的琐事之中。

为了方便读者理解和增加代入感，全书以刘晓博士的第一人称的口吻来陈述，但本书由我们共同撰写，所以书中的"我"如果替换成一个父亲角色，也完全合情合理。当出现"我们"的时候，通常指我们夫妻俩的共同经历。

书中提及的部分方法，灵感来自我们学习的学校管理或者企业管理知识。因为这些方法在家庭教育方面有借鉴价值，所以我们进行创新应用。同时，相关的使用模板也附在书中。如果您觉得某种管理方法有用，可进一步查找相关资料学习，我们在此只起一个抛砖引玉的作用。

本书里附录了我们真实的生活场景照片，也收录了程毅博士的漫画系列"生孩子前后对比——爸爸篇"和"生孩子前后对比——妈妈篇"，希望在博您一笑的同时，也引发您的共鸣和思考。

前言

在此书中,您会感到飞蛾扑火的精神,也会感受到适可而止的理智;既有酸楚的无奈,又有博弈的智慧。我们既坚信孩子的无限潜力,也清醒意识到科学引导的必要性。

体察教育的真谛是非常难的,正如前面介绍的,教育就像水对于鱼一样,空气对于人类一样,那么真实,却那么容易被忽略。我们无法窥其全貌,但是希望借此书揭开冰山一角,帮孩子扣好人生第一粒纽扣。

借此书,我们致敬曾给予我们启发和帮助的导师和朋友,也致敬在跟孩子们一起成长的所有父母!

上篇

做父母，审时度势、顺势而为

余秋雨在《都江堰》一文中写道：
"看上去,是人在治水;实际上,却是人领悟了水,
顺应了水,听从了水。
只有这样,才能天人合一,无我无私,长生不老。"
在上篇,
我们探讨家庭教育的现实意义及其局限性。
讨论在不确定的大环境下,父母该如何定位,
孩子的最佳点怎么寻找,以及父母如何实现自我成长。

第一章
有娃以后才明白的道理

逆袭传统幸福观

在美国,大约孩子出生的一个月以前,亲朋好友们通常会聚在一起,给准爸爸妈妈带来礼物、送来祝福,这个活动称为"准妈妈派对"(Baby Shower)。2010年春季,在大儿子出生以前,我们也在马里兰大学的教育学院简单而隆重地举行了一个小派对。

小派对上的鲜花、蛋糕和小礼品让我们觉得特别开心,而作为准妈妈的我,觉得最有趣的是派对上的各种游戏和竞猜。其中有一个环节是邀请好几位还没有做爸爸的男士上台,每人挑选一个玩具熊和一片纸尿布,看谁能快速准确地给小熊穿上尿布。程毅是准爸爸,自然备受关注。只见他铆足了劲,以20秒的最快速度给小熊穿上了纸尿布,可是展示的时候却发现,他竟然把纸尿布的前后、里外全部弄反了,惹得哄堂大笑。十年以后,如果再让他给婴儿穿纸尿布,他会说:"养了十年孩子,给孩子穿纸尿布恐怕是做爸爸生涯里最容易的一件事情了!"

派对上,我们还请来了几位教授老师。他们带来了礼物,也带来了一场独特的"三个另类幸福观点"分享会,他们对传统幸福观点的反思和批判,让即将为人父母的我们深思了许久。

三个另类幸福观点

熊教授是华裔,也是程毅的博士生导师,他有三个已经长大成人的孩子,于是先发言:

"你们有没有发现,大学毕业以后,每次家人聚会最关心的话题就是:'有对象了吗?有工作了吗?'到后来,被问及最多的就是:'什么时候结婚?什么时候生孩子啊?工作收入如何啊?'仿佛挣钱、结婚、生娃是人生幸福的全部。

"我曾经也迷信这些。直到自己工作、结婚、生孩子之后才发现,幸福并非水到渠成、探囊取物的事情。哈佛大学丹·吉尔伯特研究表明,婚姻、金钱和孩子并不是人生幸福的三把金钥匙。这些传统的幸福源泉其实都是伪命题。

"首先,不是所有的婚姻都让人快乐,只有幸福的婚姻才能让人快乐。我们一般觉得女性更渴望婚姻,以及童话般的浪漫。但是,实际上在婚姻当中,男性比女性更需要那份稳定和安心。男人从小被'母亲'这个女性角色照顾,在潜意识里本能地渴望家庭的温暖。所以,今天程毅作为爸爸,作为家庭中的男性,应该感觉到很幸福。有了婚姻和家庭的支持,男人才能更有事业心和安全感。"

我瞥了一眼程毅,只见他扶了一下眼镜,微微点头,表示认同。我很开心。

这时候罗斯教授接话了。他在商学院工作,平日喜欢跟年轻人谈天说地,很受大家欢迎。他清了一下嗓子,说道:

"我是学经济学的,但是我一直在思考,是否有钱就真的幸福呢?当然,贫贱夫妻百事哀,所以经济基础很重要。但是,并非钱越多就越幸福。一定的收入能让家庭稳定、生活满意,但是随着财富的积累和生活的繁忙,幸福感会降低。所以在家庭中,父母能给孩子最好的礼物并非升更高的职、赚更多的钱;孩子要的,其实不是昂贵的礼物,反而是父母有时间陪着下棋、打球等。所以,找时间多陪伴孩子,你会发现构成美好生活的最重要因素并非富有和成功,而是身心健康及温暖、和谐、亲密的人际关系。

"经过一天的辛劳,回家以后,我们陪着孩子聊聊天、玩一玩,其实对自己有着神奇的治愈能力。工作上压力再大,孩子一声甜甜的'爸爸妈妈',马上能让我们满血复活,充满斗志。所以,程毅和刘晓,我祝你们有孩子以后,在追求事业的同时,也能腾出时间多陪伴孩子、陪伴彼此。"

我们边听边点头，表示赞同。

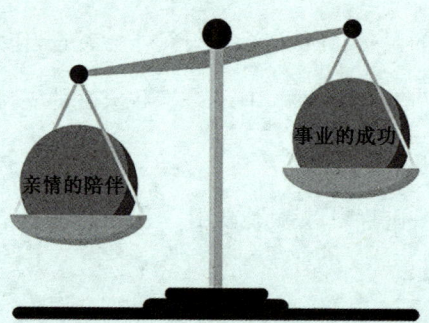

心理系教授约翰逊博士是在座最年长的人。年近80岁的他缓缓站起来接着说：

"今天我来聊聊这个话题：'有孩子就一定更幸福吗？'很多人认为，孩子一定是幸福的源泉。但是，其实孩子的出生会导致家庭幸福感的直接下降。每天的琐碎和操心，以及时刻存在的教育焦虑，让多少家庭硝烟不断？

"养孩子虽然是个苦差，但人们为什么还前仆后继、乐此不疲呢？其中一个重要原因是：付出即满足！在一个心理学实验里，研究者让两组父母坐在两个不同的房间等候。第一间等候室的桌子上堆满了关于父母养育孩子多么不容易、大学学费多么昂贵等数据分析的杂志，供他们阅读。第二间等候室的桌子上，则堆满了相反内容的杂志，讲述养孩子是多么轻松、快乐、容易。事后对这两组父母的调查结果出人意料！第一组父母对养育孩子的满足感竟然更高，原因就是当一件事情越难的

上篇 / 第一章 / 有娃以后才明白的道理

> 时候，其带来的满足感也越多。
>
> "比较一下，登山和平地散步，显然登山更困难。但是，登上山顶以后的满足感却比散步强。我们总是在不断挑战的过程当中寻找自我超越和自我实现。即便知道养儿育女是一项艰辛的任务，大家仍然义无反顾地选择为人父母，为了下一代有一个更好的生活，不断努力、不计回报。这或许是人类最伟大的地方吧！"

十年前跟三个教授的这场对话，我们至今仍记忆犹新。不仅是当时教授的点拨颠覆了我们的传统认知，更主要的是，在接下来的十年岁月里，我们对他们想传递的真理，体会越来越深刻。

我们在婚姻里相濡以沫、同舟共济，艰苦的岁月让我们更加珍惜彼此。在权衡事业和家庭的过程中，我们懂得了有时候放弃就是获得。而在带孩子的煎熬中，我们更加理解了自己父母的不易。带娃本身是一种牺牲，但是人类的伟大，就在于"明知山有虎，偏向虎山行"。

某个周末，我不得不出差，由程毅一个人照顾两个儿子。他从早到晚伺候着两位少爷，一分钟都没有歇着。早上刚起床，孩子们吵着要吃美式煎饼，从不下厨的他只能挽起袖子和面，忙得满头大汗。吃完饭后，孩子们又吵着要去公园骑车，他又只能放下手里的活，赶紧出门。到了公园以后，老大一骑上车就一溜烟不见了，而老二还不太会骑。所以他只能一边扶着小的，一边盯着大的，非常辛苦！

晚上回到家,他已经充分体会到"带孩子是纯力气活"的真理和孩子奶奶"趁着年轻把孩子要了"的忠告多么正确。晚上孩子们睡觉之前,他们突然搂住程毅的脖子说:"爸爸,我觉得你是世界上最好的爸爸,不仅能做好吃的饭菜,还陪我们玩。我爱你!"就在那一瞬间,他一整天的疲劳,都被临睡前这句"最高评价"带来的喜悦冲淡了。

我出差到家,猜猜他是怎么高度概括独自带娃的生活的?没错,他引用了孩子的"最高评价"来展示他是多么称职的一位父亲,完全忘记了抱怨充斥整个带娃过程的"至暗时刻"。

这就是带娃的"选择性遗忘"。当我和他翻看手机里的相片和录像时,记录的都是孩子的可爱瞬间,我们眼角流露出的是温柔和慈祥,几乎忘记了拍照之前、之后所有的挣扎和纠结。

带娃以后,我们生活中的其他兴趣爱好几乎都要让位。比如,安静的两人世界、和朋友喝酒谈谈诗和远方的情趣,或者宅在家里读书的娴静,全部都被跟孩子博弈的繁忙取代。现在,我们更关心孩子有没有每天练琴,考试是否复习到位,最近身体和情绪怎么样。孩子,成为婚后压倒其他一切活动的优先选项。

现在,我们夫妻俩连吵架的时间都没有了。平日在家,我们能安静地对话,冷静地把事情安排好,已经很不容易了。孩子的一切成为了我们的一切,孩子的喜怒哀乐牵动着我们的喜怒哀乐。

这么多年来,我们想通了一件事:尽管为人父母似乎并没有增加我们的幸福感,反而带来许多的烦恼和白发;但即便这样,我们仍然觉得陪孩子成长,是一生中最美好的经历,是人生大幸。生孩子之前,我们无法想象有孩子的生活是怎样的;有孩子以后,我们无法想象这辈子如果没有孩子,该怎么过下去。为人父母给了我们人生的目的和意义,也给了我们一份无比崇高的社会义务。

我相信,这份无私的情怀,是大多数父母共有的。尽管我们常常觉得很愧疚、自己不够好,但是这份责任,赋予了我们神圣的使命感。

思维工具:为人父母的价值和意义

尽管我们知道为人父母的旅程充满挑战,但却是最具意义的事情。我们常思考以下问题,梳理作为父母的使命感:

1. 做爸妈以后,我开发了自己的潜能:

以前我不会的	现在我会的

2. 在跟孩子相处的时候,最令我开心和幸福的瞬间:

3. 在跟孩子相处的时候,让我崩溃的瞬间:

4. 想象一下,今天是你孩子的 30 岁生日。你的孩子事业有成,一位记者正在写一篇关于他/她的报道,希望了解父母对他/她成长的影响,你希望你的孩子怎样向记者介绍你?你想孩子记住的是什么?你想孩子从你这里传承的是什么?

上篇 / 第一章 / 有娃以后才明白的道理

5. 想象你自己已经 100 岁了，周围聚集了很多年轻父母，他们想向你学习育儿经验。你想告知大家最重要的，关于家庭和成长的人生哲理和智慧是什么？

_____
_____
_____
_____

家庭教育中的遗憾

"很后悔，在孩子小的时候，忙着赚钱养家糊口，没有花时间好好陪伴他！"

"以前教育孩子缺乏方法，对孩子过度严厉，导致现在亲子关系的僵局。"

"作为严父，小时候逼着我家闺女练钢琴，搞得后来她对音乐产生逆反心理，反而失去了兴趣，挺遗憾的。"

回想教育孩子的过程，很多父母通常有类似的遗憾。综观各种遗憾，基本可以归结为两个方面：一个是"过度"，一个是"缺失"。

"过度"的遗憾有哪些呢？比如：过于溺爱孩子以至于孩子缺乏生活自理能力；过早让孩子沉溺于电子产品，没有限制；打骂和批评孩子过多，过于放大孩子的缺点；过于用一个标准，比如学习成绩，来衡量孩子的能力。

"缺失"的遗憾有哪些？比如：没有花更多的时间陪伴孩子；并不真正了解孩子的需求，孩子不愿意跟自己吐露心声；总觉得孩子不够优秀，拿自己

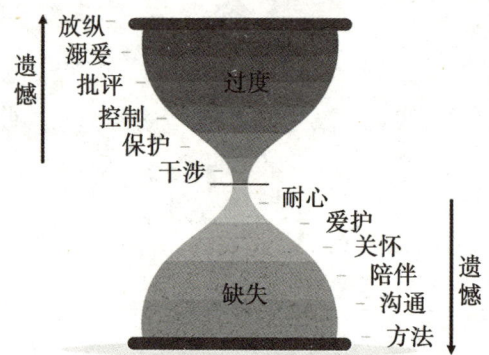

的孩子跟其他孩子比较;缺乏方法和智慧,过于简单粗暴地管教孩子。

在"过度"和"缺失"的遗憾当中,就会出现"家长等着孩子道谢,孩子等着家长道歉"的局面。长此以往,孩子可能会学会撒谎、迎合或者冷漠,而作为家长,只能感觉愤怒、疑惑和失望。

曾经有一个朋友的女儿大学毕业,我们被邀请去他家里小聚。

到达朋友家里的时候有点晚了,正好看到朋友在车库里帮女儿修车。原来他女儿开的韩国"现代"汽车有点小毛病,所以就决定帮女儿修修看。

朋友的动手能力很强,这一点我们真佩服。只见他很快把节流阀拆了,清理了一下传感器,仔细检查有没有漏真空。完成以后,连上电子检测仪器,发现检测结果不好,就得出结论:很有可能是进气的垫圈漏气了。

这可是个不小的工程啊!我们就在旁边一边闲聊,一边看着他忙活。这时他女儿也卷起袖子过来帮忙,帮爸爸递递工具、擦擦汗。只见朋友把发动机上的进气管拆下来,再把一个新垫圈装上去,反复检查,直到完全修好。

看到车修好了,女儿特别开心!她大声说着:"爸爸,谢谢!我爱你!你是最好的爸爸!"然后给了他一个拥抱。末了,还回头对我们自豪地宣布:"我爸爸太厉害了!"

朋友女儿需要出门，就高高兴兴地开着刚修好的车离开了。朋友望着离去的车，对我们说了一句："I raised her right。No regrets!"看着他满手的油污和被汗水浸湿的衣服，我们突然很感动，因为我们第一次听到做爸爸的这么评价自己以及自己的孩子。这句话很难准确翻译，大概意思是："我这闺女，养得不错，没有遗憾了。"作为一个普通的父亲，为孩子修车，孩子知道并感恩父亲的付出，表达对父亲的爱，爸爸从内心觉得自豪和高兴。那种溢于言表的欣慰，可能就是一个父亲所能获得的最大满足了。

这种满足感我们也有幸体验过一次。在一次坐飞机去夏威夷途中，空姐特意找到我们，指着不远处我们的小儿子问："Is this your son?（这是你们的孩子吗）？"我们愣了一下，赶紧点头。她对我们举起了一个大拇指，然后用清澈明亮的声音大声地告诉我们："He has beautiful manners!（他很懂礼貌)!"哇，那一刻，我们觉得自豪感油然而生。虽然我们不知道他说过什么，做了什么，但是瞬间觉得很满足。

有时候，养育孩子的标准常常被另一个词语取代了，那就是"成功"。俗语说得好："望子成龙，望女成凤。"我们都希望自己的子女将来能变成人中龙凤。仿佛一个孩子有钱了、有权了、有名了，父母就有资格自豪，父母的教育也就成功了。

纵观市面上的教育类书籍，充斥着"成功育儿""优秀的孩子""送孩子进哈佛""爬藤妈妈"之类的关键词。我们常常在思考，在教育日益精细化、产业化、流程化的今天，究竟什么是成功的教育？也许，作为普通家长，我们需要的不是照搬别人家的成功案例，也不是羡慕别人家的自推娃，而是如何在实践和试错中找到适合自己的育儿道路，并且在这个过程中能少留遗憾。

"少留遗憾"给人感觉是否太基本,要求太低呢?但是,要把这个标准践行到生活的每一天,并非易事啊。

在电影《本杰明·巴顿奇事》中,一个男婴呱呱坠地,可他却长得像个80岁的老头,满头白发、一脸皱纹。他的一生十分奇特,似乎是倒着生长。当别人越活越老,他却越活越年轻。随着年龄的增大,他的身体越来越小,最后活成了一个婴儿样子,老死在他人怀抱之中。在看这部电影的时候,我们感慨万千:如果人生能倒着活,似乎能避免所有的遗憾了。因为能提前预知,所以肯定会一帆风顺。

可惜,遗憾和不完美是我们生活的常态。在认清现状之后,我们仍然积极面对各种挑战。人生无法回头,我们只能勇敢地往前走。在该选择的时候,希望我们郑重选择,争取不留遗憾;如果真的做了遗憾的选择,那就勇敢面对、勇敢纠错吧。倘若事已至此,改变不可能,那就坦然接受,无愧我心。这就是我们认为,家庭教育的本真。

思维工具:少留遗憾的教育

1. 您在家庭教育中,目前最大的遗憾是什么?

2. 哪些是"过度"造成的遗憾？哪些是"缺失"造成的遗憾？

   _____
   _____
   _____
   _____

3. 如果今天是您生命的最后一天，你希望陪孩子做什么，才会不留遗憾？

   _____
   _____
   _____
   _____

4. 您觉得在您家庭里"不留遗憾"的家庭教育，应该是怎样的？

   _____
   _____
   _____
   _____

如何定位父母角色

孩子经常惹我们生气,我们也经常惹孩子生气。冷静之后,我们常常跟孩子这样道歉和解释:"对不起,在你出生以前,我们从来没有做过爸爸妈妈,我们也在学着怎么做。"渐渐地孩子也学会这么说:"对不起,在我出生以前,我从来没有做过孩子,我也在学着怎么做。"然后我们会相视一笑,冰释前嫌。

如果孩子出生之前,我们需要定位一下"父母"这个角色,该如何定位呢?

在经过一番讨论之后,我们总结了三个"P":

第一个"P"是Protect(保护)。作为孩子的监护人,我们的基本职责是保护好孩子。安全健康是一切的基础。所以,增加孩子的自我保护能力以及帮助孩子养成健康生活习惯,我们责无旁贷。

第二个"P"是Provide(提供)。在我们能力所及的范围之内,提供给孩子教育的基本条件和资源,提供信息和方法,为孩子成长助一臂之力。当然,现在的提供是为了孩子成人以后能承担自己所需,不再依赖父母。

第三个"P"是Prepare(准备)。在学校,老师教给孩子知识,帮助孩子做好学术准备;在家里,父母可以请孩子帮忙做家务,这样可以提高他们自我照顾的能力,未来成为一个受人尊敬的、有用的社会成员。

孩子稍微懂事以后,我们经常强化这三个"P"的角色,他们也越来越能

P: Protect 保护

P: Provide 提供

P: Prepare 准备

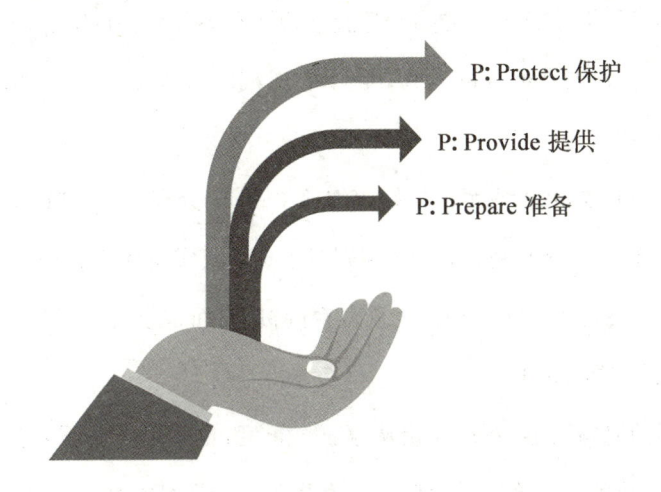

理解和接受。比如,孩子想骑车,却不愿意戴头盔,我们会耐心解释爸爸妈妈保护孩子的职能,义不容辞。孩子希望我们买昂贵的乐高玩具,我们会告知他们,我们会竭尽所能提供生活和学习的必需品,但是高档玩具不在此列。孩子争辩"玩电脑游戏远比读名著更有意思",我们会提出:"但是游戏和名著,哪个更能让你准备好迎接未来的挑战?"

三个"P"的角色,就是我们做决定的准则。当然,我调皮的大儿子会告诉你:我爸妈的三个"P"原则就是 Pay、Pay、Pay(为我买单、消费、花钱)。

我在美国私立学校工作,常常遇到各种调皮捣蛋的学生,三个"P"也成了我为人师的一个准则。有一天,班上成绩最好的一个学生作弊被抓,他十分惶恐,十分羞愧。我知道他来自单亲家庭,平日都是自己照顾自己,在家里学习的自觉性忽好忽坏。这次考试前,他没有好好复习,又担心被妈妈责骂,于是决定铤而走险。他被监考老师扭送到办公室的时候,大家都很惊诧。

作为他的指导老师,我必须要跟孩子说清利害关系。特别是,如果老师没有严加管教,未来他有可能抱有侥幸心理,走上歧途。毕竟,老师的本职工作也应该践行三个"P"。

放学的时候,我特意跟他的妈妈沟通了一下,分享了三个"P"工具。跟青少年沟通,需要更加清楚解释:规则对于孩子其实是保护(Protect);妈妈辛苦工作是在提供(Provide)孩子受教育的机会;而孩子的责任是为自己的人生做准备(Prepare)。

孩子的妈妈很感谢我,决定从这三个角度,重新思考一下对孩子的引导。后来,她还开玩笑地说:"那天回家我还加一个'P',那就是Punish(惩罚)。可以吗?"

"当然可以啊!"我跟孩子的妈妈相视一笑。

思维工具:父母角色的四个角度

1. 上一次您跟孩子有不同意见,甚至发生冲突的时候:

   _____
   _____
   _____
   _____

2. 您如何从这三个角度来帮助孩子理解为什么你会有不同的意见：

第一个"P"是 Protect（保护），出于保护孩子的角度：

_____
_____
_____
_____

第二个"P"是 Provide（提供），出于只提供某种资源的角度：

_____
_____
_____
_____

第三个"P"是 Prepare（准备），出于为孩子独立生活做准备的角度：

_____
_____
_____
_____

3. （可选项）第四个"P"Punish（惩罚），您觉得怎么帮助孩子承担可以承担的后果：

_____
_____
_____

第二章
人尽其才　物尽其用

睡觉前如何陪孩子聊天

每天睡觉前,我们会跟孩子一起回顾一天发生的琐碎事情,比如,跟朋友去了水上乐园啦,去了图书馆看书啦,晚饭以后还看了一部电影啦之类的。

这时候,我们会问孩子:今天你做的所有决定,有哪些对你的大脑比较好,会让你更加聪明睿智?哪些对你的心比较好,让你变成了一个更加善良有道德的人?哪些对你的身体比较好,让你成为了一个更健康强壮的人?

孩子会深思一下,然后郑重其事地告诉我们:"今天看的书是关于鲨鱼的,我觉得比原来懂得更多了,所以是对大脑比较好;在水上乐园,我玩得好开心,回来以后有点累,我觉得对身体好,因为我得到了锻炼;可是,回家以

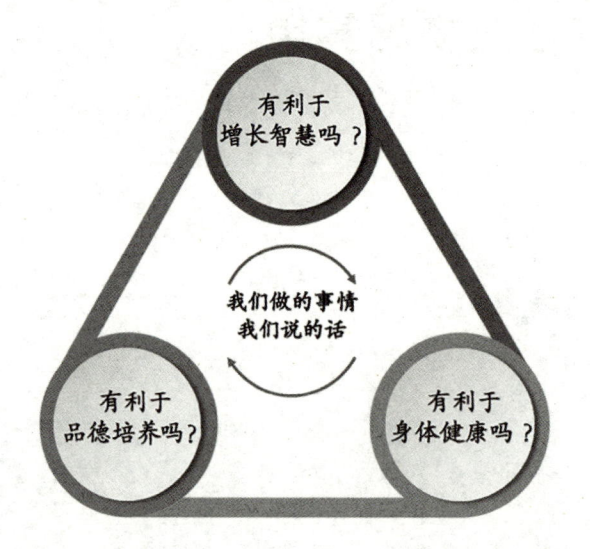

```
              有利于
           增长智慧吗？


       我们做的事情
       我们说的话

 有利于              有利于
品德培养吗？         身体健康吗？
```

后我特别饿，吃了一大袋薯片和两个冰淇淋，热量太高了，对身体不好。对了，妈妈，在水上乐园的门口，我给了一个乞丐五块钱，因为在炎热的太阳下，那个乞丐看上去很可怜。我觉得帮助乞丐，我很开心，对我的心比较好。"

"那今天看的电影呢？"

"嗯，我看了《星球大战》，我觉得对心、对大脑、对身体，好像都没有帮助呢。"

"不一定哦，再想想！"

"妈妈，我知道了！我明天的日记可以写《星球大战》观后感，这样对大脑有帮助。"

每天这样的睡前对话，我们无非是在教孩子去反思一天发生的一切。其实，每天都是由一件件小事构成的，但是每一件事情都关乎我们的成长。

如何做对的决定，关乎我们今天的生活，也关乎未来的生活。

渐渐地，孩子也学会了这样来"指点"我们。在我们促膝长谈的时候，他们也会提醒我们："爸爸妈妈，你们每天做的事情，是否也是有益身体、大脑、心灵呢？"

看来每日反思，得是孩子和爸爸妈妈一起做的事情呢！

思维工具：睡前三问

1. 我们今天做的事和说的话，哪些有利于增长智慧：

   _____

   _____

   _____

   _____

2. 我们今天做的事和说的话，哪些有利于身体健康：

   _____

   _____

   _____

   _____

3. 我们今天做的事和说的话,哪些有利于品德培养:

_____

_____

_____

_____

寻找最佳点

我们认识两个在美国读高中的孩子。

小楠同学很早就锁定人工智能方向,因为来自深圳的他,父母都在科技行业,能为他未来的就业提供一些帮助。加上小楠的天赋、才能、兴趣,都毫无疑问地指向人工智能,他从高一就开始布局,最终一路过关斩将,收到名校卡内基梅隆大学的录取通知书。

另外一名学霸小奕在学习上比较游刃有余,但是作为留学生,学习、生活、文化上的适应,同学圈的

18岁的小奕在美国加州参加健美比赛

融合，爱好兴趣的培养，突然一股脑地扑面而来，他一直在疲于应付。时间一长，他总觉得没有找到自己的发力点，缺了一股子年轻人的冲劲。一次偶然的机会，他去了健身房，学会了一些基本的锻炼动作，慢慢地渐入佳境。后来他一发不可收拾地迷上了健身。多年严格的饮食调理加上严格的专业训练，18岁时，他参加了全美青少年健美比赛。在健身的良性影响下，他对运动营养学和运动类理疗专业产生了浓厚兴趣。

这两个孩子找到了人生的最佳点。"最佳点"来自英文"sweet spot"，在高尔夫球、棒球或者网球运动里，sweet spot指的是球拍上能发挥最佳效应的击球位置，也指最恰当的位置、最舒适的状态或者最好的角度。

我们认为在孩子的生涯规划里，sweet spot指的是三个方面的交叉点。

这三个方面是：

① 激情和兴趣，也就是喜欢做的事。
② 擅长的技能和领域，也就是在此有一定的天赋和潜能。
③ 社会和市场需要的，也就是就业前景比较好的。

比如，学生小米很喜欢玩独轮车，由于多年练习，技术也很成熟，但是他却没有办法找到合适的工作，因为除了去马戏团，独轮车的市场需求还是很小的。所以，虽然他有喜欢的和擅长的，但是除非能发展成一份事业，否则也只能用来做个小

爱好。

小阳父母都是做医生的，觉得这个行业很适合自己的孩子。但是小阳缺乏学医的兴趣，很难坚持在医学院那么多年的枯燥学习，最终还是半途而废。所以不是喜欢的事情也很难发展为终身职业。

小灿很喜欢音乐，父母也觉得音乐方面发展不错，但是孩子的确资质平平，多年专业学习，但收效甚微。最后，她在这个领域的发展很快遇到了瓶颈，没法拔尖。

所以，如果一个人，能找到自己感兴趣的方向，又有一些相应的才能天赋，其又正好是市场所需，这样找到自己的人生北斗星会容易很多。

总有家长问我，孩子喜欢宅在家里看电脑，怎么帮孩子找到人生方向？我给他们说了这样一个故事：

2020年初，在新冠病毒横扫全球的时候，住在西雅图的17岁少年艾维史夫曼制作了一个分享资讯的网站。艾维创建网站的初衷，只是因为觉得清晰精确的数据被杂乱无章的错误信息所掩埋。他的网站上线以后，访问者来自世界各地，每天吸引了几百万访客。有段时间，他的网站成为了一个提供关于新冠病毒各方面信息的平台，包括全球和地方的数据、预防指南、疑问解答等。

网站开放才三个月，艾维就收到了来自健康卫生行业、初创公司、投资行业数百个实习和工作机会。但是还在上高中的他，不得不先把毕业摆在第一位。被媒体曝光后的艾维小有名气，被邀请去做演讲嘉宾。艾维说自己最喜欢乔布斯的一句话："人只有疯到认为自己可以改变世界,才能成为最终改变世界的人。"

艾维的经历其实正好印证了我们的"最佳点理论":他喜欢计算机编程,也很擅长于相关的知识和技能,再加上正好遇到全球应对病毒,为以正视听,传播科学可靠的信息,他建立了网站。在帮助别人的同时,他也获得了世界的肯定。

我们告诉孩子,人生就是不断调整方向、不断认识自己、不断寻找最佳点的过程。当代精神导师狄巴克·乔布拉对他的孩子这样说:"你们来到这个世界是有独特作用的,你们要用你们喜欢的、适合的方式为世界服务。所以你们只要用心寻找自己最喜欢的、最爱的、最适合的方式就好,不要费心一定读什么名校,也不要注重考试成绩。假如你们长大了,做自己喜欢做、适合做、擅长做、又能为别人服务的事,还不能养活自己,放心,爸爸养你!"

装上滑轮的兔子

我给孩子说过一个自创的"龟兔第二次赛跑"的故事:

第一次赛跑乌龟赢了以后,世界上赞誉一片,它也为自己勤奋努力感动了一把。一年以后,兔子邀请它再次比试,它毫不犹豫地答应了。

在起跑线上,乌龟和兔子都严阵以待。随着一声枪响,比赛正式开始。乌龟发挥着自己的勤奋优势,不停地往前爬。令大家惊讶的是，兔子不仅没有偷懒睡觉，它的脚下竟然像哪吒一样多了一个风火轮！所以兔子一溜烟就跑不见了！所有观赛的人和乌龟都十分惊讶，这不是明显的犯规么？

等兔子到达终点的时候，大家纷纷指责它犯规，赢得不光明正大。兔子很委屈，给大家看它的滑轮——是它出生的时候就有的，跟它的脚已经长在一起了，它从来都是速度这么快，天生就是这样优秀。

这虽然是个童话故事，我想给孩子的启示是：在现代版的"龟兔赛跑"中，兔子如果勤奋，还有强大的天生条件，绝对会出类拔萃。一个成功的孩子背后，除了孩子自身努力和勤奋以外，一定跟家庭资源的推动分不开。

约克大学教育心理学教授索菲·冯·史丹姆的一个研究发现，一个孩子的遗传基因和其父母的社会经济地位，在决定孩子18岁以前的教育成就和学校表现上至关重要。史丹姆教授领导的团队调查了5 000多名英国"90后"的孩子，分析每个学生在不同年级的考试成绩；此外，她还收集了孩子父母的教育水平和工作收入等数据。把所有数据放在一起，她有了这个惊人的发现：影响孩子在学校中成功与否的重要因素，通常与孩子的家境和父母的能力密切相关。也就是说，家境越好、基因越好的家庭，孩子的成绩就会越优秀。

我不禁想起在美国的第一次孕检经历。见到医生后，他详细询问了我们祖上三代的健康状况，特别是疾病史，然后预估我们还没有出生的孩子在一生中有可能遇到的健康问题。这让我们想起父母一辈结婚的时候，彼此都要详细打听家族里的疾病史，原来这些谈婚论嫁的背后，竟然有这么长远的考虑。

美国顶尖寄宿高中的申请中，很多的申请材料都是关于父母和家庭背景的。甚至很多寄宿高中要求学生面试流程中父母在场或者陪同，也会预留时间和家长进行单独交流，实际上就是变相地"面试"父母。

史丹姆教授最后总结："虽然这个研究结果是基于数据统计得出的，但它确实说明了，因为先天基因和后天家境条件的不同，孩子们受教育的机会的确是不平等的。"

回到前面刚刚讨论过的"最佳点"，也就是要定位"最喜欢＋最擅长＋市场最需要"的结合点。但是，如果把家境，也就是家庭资源的因素考虑进去，最佳点的改进版本是如右图所示的样式。

我俩在讨论这个图形的时候，觉得这个图展示的真相有点太现实。的确，一个人的成功，需要天时、地利、人和。每个家庭都有自己的资源和优势，良性结合才会让孩子有更多机会。当然，我们不认为缺乏家庭资源的孩子很难成功，因为我自己就来自农村，一步步实现了自己的梦想。我坚信这个世界从不亏待努力的人。但是，借用这个图，我们找到了自我提升的动力。在推孩子的时候，我们也只能不断推自己，毕竟我们希望孩子获得的成功，很大程度也取决于我们是否愿意一起努力。

思维工具：最佳点

1. 孩子的才能天赋：

2. 孩子的兴趣爱好：

3. 父母能提供的资源和机会：

4. 就业的可能性：

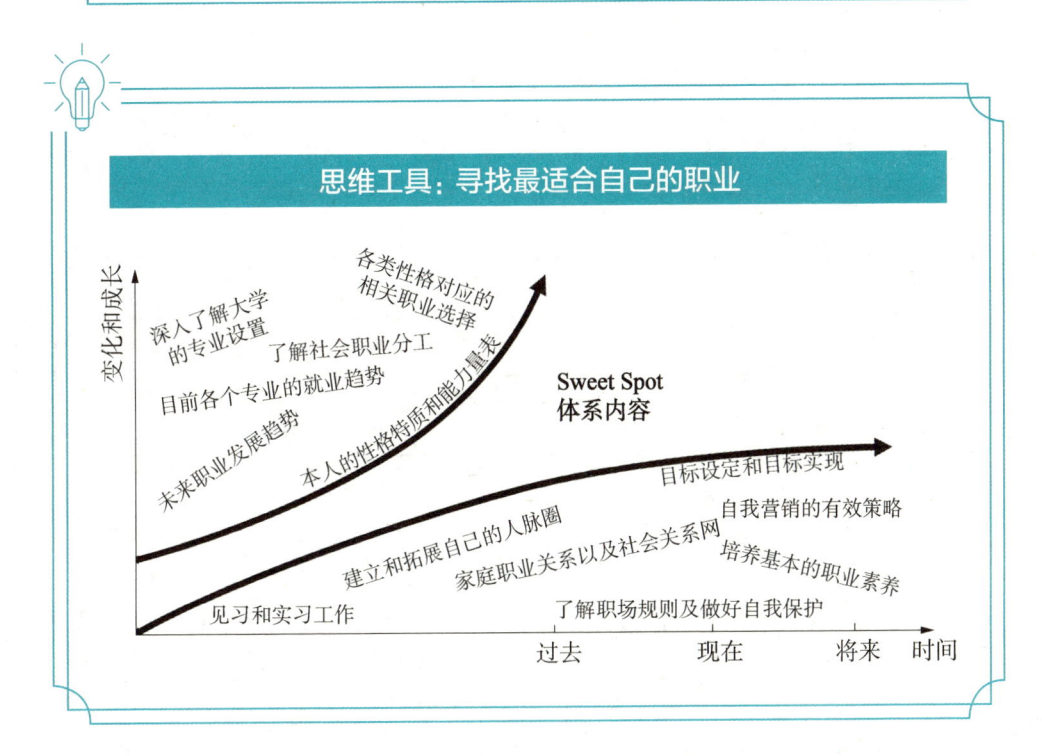

5. 孩子发展的最佳点：

思维工具：寻找最适合自己的职业

变化和成长 ↑

- 深入了解大学的专业设置
- 了解社会职业分工
- 目前各个专业的就业趋势
- 未来职业发展趋势
- 各类性格对应的相关职业选择
- 本人的性格特质和能力量表

Sweet Spot 体系内容

- 见习和实习工作
- 建立和拓展自己的人脉圈
- 家庭职业关系以及社会关系网
- 了解职场规则及做好自我保护
- 目标设定和目标实现
- 自我营销的有效策略
- 培养基本的职业素养

过去　现在　将来　时间 →

1. 我觉得上图中这些方面很重要：
   _____
   _____
   _____

2. 我已经引导孩子做过准备的方面：
   _____
   _____
   _____

3. 孩子完全不了解的方面：
   _____
   _____
   _____

4. 接下来孩子可以多注重这些方面：
   _____
   _____
   _____

第三章

家庭教育也有顶层设计？

点开未读邮件，大儿子四年级老师的热情和亲切仿佛隔着屏幕都可以感觉到："您好，下周三下午能来学校参加家长会吗？"

我赶紧给老公打电话："老公，家长会快到了！一起参加吗？"

老公在电话那头叹了一口气，我仿佛听到了大儿子三年级家长会的时候，老师的那一声叹息。

我跟孩子们同在一所学校，每天上学放学都在一起。在学校走廊和食堂里，我也能经常见到两个儿子和他们的任课老师。每次孩子们的老师远远看到我走过来的时候，我就有点莫名其妙的小紧张。走近以后，有时候迎接我的是老师的一个灿烂笑容："哇，他今天第一个做完数学练习，而且全对，太棒了！"有时候则是一个阴沉的对视："今天教室里发生了一点点不愉快的事情，你儿子是主角，我待会儿写邮件详细告诉你。"我的心会随着老师的表情，一会儿乐开怀，一会提到嗓子眼。哎！作为老师兼妈妈，总有一点小压力，希望自己的孩子能在自己的学校尽善尽美，但是孩子就是孩子，总有调皮捣蛋的时候。

去年我和程毅参加大儿子的一对一家长会，刚进门，老师一看到我们就深深叹了口气，一边翻弄着大儿子的作业本，一边喃喃自语地说："请坐吧，我想想从哪里开始说起……"我们在紧张尴尬的气氛中，一边道歉、一边受训似的开完了会。所以我能理解为什么程毅有点担心今年的家长会。

大儿子升入四年级以后，仿佛变了一个人。他的班主任玛丽娜老师是一位十分和蔼的银发老太太，每天都在教室门口迎接每一个孩子。她有各种花香的润手乳液，孩子一进门就可以自己选一种擦一擦，然后相互闻，看谁的手最香。

另外，玛丽娜老师每天都给孩子讲很多故事，教孩子抄写故事中的经典引言，这样孩子们既通过故事学习道理，又收集了写作素材，还顺便练习了书法，一举多得。

从幼儿园到三年级，我听过很多老师抱怨大儿子不专注、喜欢上课插话的坏习惯，到了玛丽娜老师这里，竟全都变成了"优点"！她总是说："他反应很快，一下子就能理解老师要表达的意思，所以他说出来印证一下。他总是在寻找新的挑战，因为他的基础很好，所以我总是鼓励他做更难的题目。"如果有其他老师告大儿子的状，她会很惊讶地问："你是在说我的宝贝学生麦克斯吗？我的麦克斯好像不是这样的。"

四年级的大儿子成了"宝贝学生"，我想这个家长会应该跟以往不一样吧。程毅请了假，决定跟我一同参加这个重要的家长会。

学术成就 = 未来成才？

玛丽娜老师十分热情，一看到我们就给了我们一个大大的拥抱，然后指着教室墙壁上的半程马拉松奖牌，说："子曰（大儿子的中文名）告诉我，你们也经常参加比赛。我也是个跑步爱好者呢！"跟老师的距离，就在聊着共同的爱好中拉近了许多。谈话很快进入到了调皮捣蛋的麦克斯的日常生活。我们表示很担心大儿子的各种行为问题。

玛丽娜老师说："我教了大半辈子的书，有两个孩子令我印象深刻。小A是大家眼中的学霸，一直成绩优异。他最大的乐趣是一个人静静地读书，大学毕业以后，继续进修研究生；研究生毕业以后，承载着家人满满的期望，进入招聘市场。但是，尽管有着优秀的学历和背景，他仍在人才市场屡屡受挫。毕业以后的几份工作都不如意，近三十了还感觉对人生十分迷惘。小B则很不一样，学习成绩一般，但是为人热情周到、能言善辩。他高中毕业以后去了一个普通的大学。求学期间，头脑灵活的他自己创业，大学毕业以后就经营公司，不到三十岁的时候已经年入百万。

"很多家长会问，为什么两个孩子毕业以后的生活有那么大的差别呢？从我对两个家庭的了解，小A家的教育理念是'两耳不闻窗外事，一心只读圣贤书'；而小B，父母从小就对他做前瞻性的培养。"

老师的话似乎点醒了我们。生活中也有不少这样的人：学生时代，成绩很好，但是多年以后，曾经的学霸很少成为现实生活中的风云人物。

我们分析出两个重要原因。第一个原因,学校奖励安静听话、愿意配合的学生。许多学霸承认,自己并不是班上最聪明的孩子,只是班上最努力的孩子。一些资深学霸说,取得好成绩的关键是了解老师要考什么,而不是真正更好地掌握知识体系。一般来说,学校奖励的是通才,很多学生不得不牺牲自己对兴趣的追求,平均使力来换取门门功课是 A 的完美成绩。

老师接着说:"成才的定义是多方面的。对于那些学习方面并不突出,但是其他能力突出的,比如有特长,有特殊领袖气质,有未来企业家、艺术家气质,甚至怪才等,这些学生在尚不完美的标尺衡量下也许并不突出,但在良好的氛围中,在家长合适的引导、规划和帮助下,都有可能是未来的优秀人才。"

我们好奇地问老师:"那是否应该让孩子成为学霸呢?"

老师神秘地笑了一下,说道:"我觉得,当然需要!只不过新时代的学霸不再只是成绩第一罢了。"

改变墙上的影子

哈佛大学的托尼·瓦格纳博士曾经的一句发人深省的话:"在现代社会,人们已经不在乎你懂得多少,而在乎你用你懂得的做了些什么。"知识的获取已经不是问题,如何利用知识成为行业的创新者、改变世界才是问题。

在读博士期间，我修了一门很有意思的心理学的课。第一节课，教授上来就做了一件很令人深思的事情：

他进门以后，突然之间把教室的灯都熄灭了，然后打开另外一个小灯，将一束光投射在墙上，形成一片光亮的区域。然后，他把一只手伸到光源前面，光亮的墙上出现了一个手掌影子。老师问我们："如果想要改变墙上影子的形状，可以做什么呢？"

面对这个简单而有些可笑的提问，我一时懵了，不知道教授葫芦里卖的什么药。很简单，动动手，墙上的影子不就变了吗？

教授这时把手拿开，打开了所有的灯，望着大家意味深长地说："可是，现实中，我们却以为直接在墙这个平面上修改影子就够了。显然，这是做不到的。同学们，要想改变墙上的影子，只有一个办法，就是改变你的手，因为影子只是你手的投影而已。如果想要改变你看到的现实，必须在更高层面进行改变。"回想起来，我们很佩服教授的智慧。的确是这样的，很多时候，我们只看到表象，却看不到更高层次的根由；也只有改变思维方式，才有可能改变现实。

这时候，家长会已经进行了一半，我们继续请教："中国有句俗话叫作'长江后浪推前浪'，我们都希望孩子更厉害、有更多机会。作为父母，我们应该怎么做呢?"

玛丽娜老师从书架上取下一本书,书名是《创新者的培养:如何培养改变世界的创新人才》。她说:"读完你们会有所启发。有前瞻性思维的学校很重视学生软实力的培养。书中谈到了软实力的七个方面。第一是诚信和道德。我们希望孩子具有同理心、同情心,具有正直、诚实、勇气和责任感。

"第二是鉴别区分信息的能力,应对信息过量,分析、创造观点和知识。

"第三,有效的口头和书面沟通能力,愿意跟不同年龄的人交流;知道如何通过类比把事情说清楚;敢于提问寻求帮助;能以不同的形式运用多媒体资源进行有效沟通;能解释信息并有效地说服他人。

"第四,具有领导力及合作能力。培养化解冲突的能力,尊重不同的观点;为他人提供帮助,成为别人的老师、教练、顾问;培养有效的跨文化交际技巧与思维能力。

"第五,自我管理能力和内驱力。灵活,敏捷,适应能力强;敢于进行陌生领域的探索和实践;有效应对周围环境的不确定性;把失败看作学习的机会,认识到创新意味着极小可能的成功和频繁的犯错;勇于独立探索新的角色、思想和策略;充满健康的好奇心。

"第六,解决问题的能力和创新精神。了解传统及前沿的数学、科技、环境科学、机器学、纳米技术、生物技术等热门议题,建立跨学科的知识体系和视野,提出并测试问题的解决方案,解决没有常规答案的新问题;运用知识和创造力去解决复杂的真实问题。

"第七，自我保护意识和健康生活的能力，包括性教育等安全教育。

"我把'家庭教育七个成长力'送给你们！记住，孩子是一个复杂多元的个体，不能光看表面，也不能只看现在，更加不能只看分数。"

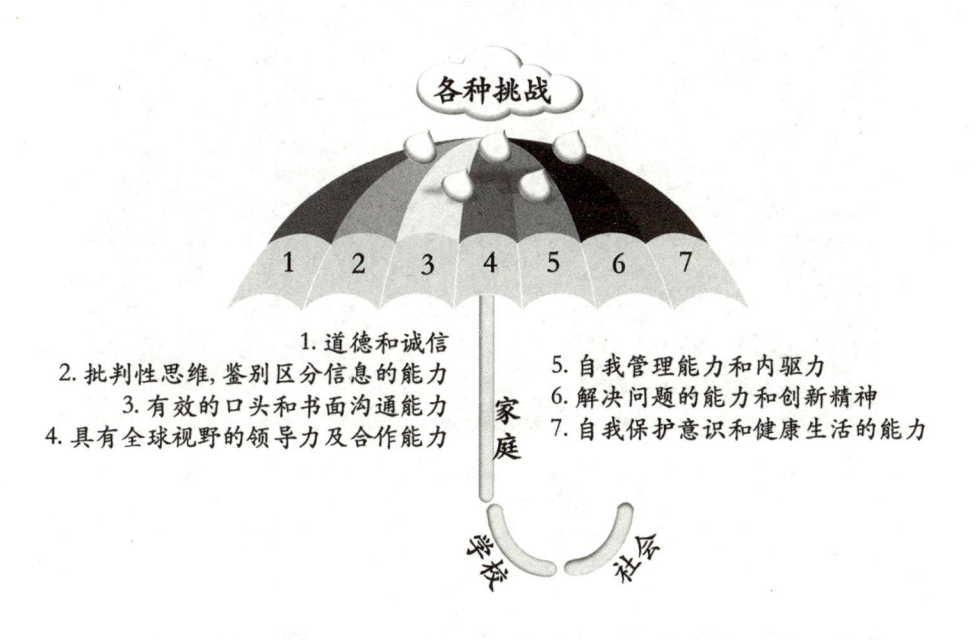

各种挑战

1 2 3 4 5 6 7

家庭

学校　社会

1. 道德和诚信
2. 批判性思维，鉴别区分信息的能力
3. 有效的口头和书面沟通能力
4. 具有全球视野的领导力及合作能力
5. 自我管理能力和内驱力
6. 解决问题的能力和创新精神
7. 自我保护意识和健康生活的能力

拿到这个"顶层设计"之后，我们长长地舒了口气，虽然任重道远，但有了清晰的方向，心里就踏实多了。现在，我们终于明白了为什么调皮捣蛋的大儿子能对这个老师心服口服了！只有从本质上理解教育的意义，才有可能做对教育的事情。

我后来几次外出学习，从不同的教育专家那里也获取了同样的教育灵感，我们也更加坚定了这个"顶层设计"的思想。希望在家庭教育里，我们心存高远，意守平常，身体力行，积小步终成千里。

在哈佛大学教育学院，刘晓博士跟其他教育专家探讨教育的"顶层设计"——教育在 21 世纪已远远超过简单的知识传递

思维工具：家庭教育的顶层设计

这些能力，是远比分数重要的。在这些方面我们如何帮助孩子成长？

1. 道德和诚信：

_____

_____

_____

2. 批判性思维，鉴别区分信息的能力：

   _____
   _____
   _____

3. 有效的口语和书面沟通能力：

   _____
   _____
   _____

4. 具有全球事业的领导力和合作能力：

   _____
   _____
   _____

5. 自我管理和内驱力：

   _____
   _____
   _____

6. 解决问题的能力和创新能力：

   _____

7. 自我保护的意识和健康生活的能力：

给孩子的"优点墙"

家长会开到这里，我们心中仿佛有了一盏明灯。看来，我们家孩子的锋芒毕露，好好引导后说不定反而是他独特的发力点。我们继续追问老师："我们具体怎么实现这些看似遥远而抽象的目标呢？"

老师赶紧说："通过'优点墙'来展示，塑造孩子的三观，提升孩子的自信心！"

老师建议的步骤是：

- 想一想有哪些核心品质，是你们觉得孩子一定要具备的。
- 把这些词写下来，然后跟孩子一起重新定义一下这些词在你们家的含义。
- 把这些核心品质写在便利贴上，然后贴在家里的空白墙上，一字排开，比如"坚持""勇敢""善良""勤奋""认真"等。

- 想一想,过去的一周时间里,孩子的哪些行为展现了这些核心品质。平日也观察孩子的行为,把观察到的正面行为写在小纸条上。比如观察到"每天坚持练字半小时",可以贴在"坚持"下面;"晚饭以后帮忙扔垃圾"可以贴在"责任感"下面;"辅导弟弟的数学"可以贴在"互助"下面,等等。这样可以清楚记录和展示孩子的正面行为。
- 爸爸妈妈口头描述看到的正面行为,进一步强化孩子的自信心。
- 鼓励孩子从爸爸妈妈或者其他人身上看到正面行为,并学会描述和表达出来。

这可真是一个好办法!回家以后,我们冥思苦想,就挑选了六个"核心优点",重新给每个词定义,并且通过生活实例告诉孩子怎么实现。

每个家庭都有自己认为重要的信念和信仰,给这些孩子常听到的词下一个准确的定义,并且不断用生活中的事情来佐证这些定义。同时,把看到和听到的这些优点写在纸条上、贴在墙壁上,慢慢形成孩子的"优点墙"。这样孩子将不仅理解而且不断实践这些美好的品质。

我们挑选的是:

(1) 接受挑战、拥抱坚毅

我们喜欢带孩子看残疾人运动会,无论是盲人门球、轮椅篮球,还是游泳、跑步。虽然运动员们的肢体有着各种残缺,但是他们所表现出来的体育精神为我们所敬仰。所以孩子准备放弃某项体育运动的时候,我们会再一起看一场残运会比赛,完美的"坚毅"会在赛场演绎。看完以后,一般孩子就又默不作声地戴上泳帽或者拿起球拍了。

大儿子参加斯巴达比赛,在泥水中前行;我们让他知道,他在诠释"坚毅"

我们对"坚毅"的定义:明明知道很难、很辛苦,但是只要是对的事情,就选择做,而且做得让自己自豪。

(2) 随时随地、获取灵感

有一次,我们全家一起在刷抖音,小儿子说:"妈妈,我们可以看到别人的生活,真有意思!"我们接过话说:"对啊,看到别人的生活,能给我们灵感。还有什么可以给我们灵感呢?"小儿子指着桌上刚买的三本书说:"读书!"我们说:"是啊!抖音是通过视频的形式,书是通过文字的形式;抖音是现在的人做的,比较短;好书是从古至今的积累,比较系统。你们觉得哪个方式能获取更多灵感呢?"小儿子吐了一下舌头:"我知道妈妈是要我读书。"

我们对"灵感"的定义:随时随地,我们都可以拿起一本书来读,这样可以随时随地获取灵感。

随时随地能坐下来读书

（3）敢于分享、善于分享

每个周末，孩子都要跟我们分享他们这周最大的收获，比如"时事解读""故事会""教你一个小技巧""世界奇闻逸事"等。分享时要用各种方法和道

程毅博士在做家庭分享的开场白

具,比如视频、PowerPoint、展板等,吸引到大家。孩子分享的话题从他们喜欢的漫画,到他们刚学会的新歌,或者最近在玩的一款游戏,让我们有机会可以深入了解他最关注的话题,进行探讨和引导。同时,我们自己感觉也增长了见识,扩大了舒适圈。

(4) 用正确的方式爱彼此

在美国,大家张口闭口"我爱你"是常见的。所以,孩子经常会对我们说"我爱你",我们也会回答他们:"我也爱你!"但是"爱"到底是什么,却不好定义。

我们家一起看了印度电影《摔跤吧!爸爸》。影片讲述了印度冠军摔跤手马哈维亚·辛格·珀尕将两个女儿训练成摔跤世界冠军的故事。面对女儿"可怜可怜我们吧,我们还是小孩子"的恳请,爸爸丝毫不动摇,严苛地对女儿进行训练。我记得电影中的爸爸在女儿睡着以后,心疼女儿,忍不住帮助女儿按摩僵硬的腿。他对妻子说:"我既是他们的爸爸,也是他们的教练;可是我一次只能承担一个角色。"女儿们最终逆天改命,为国争光,正是因为他两种爱(soft love & tough love)都把握得非常恰当,类似于太极八卦,兼容相并。

"狠不下心的爱"
(soft love)

"狠得下心的爱"
(tough love)

我们家对"爱"的定义：慈爱家庭气氛中的严格管教。孩子需要感受到父母的温情和家的温暖，但是对于应该坚持的信念和底线，该狠得下心的时候，绝对不会随便放弃。

有一天孩子们看到天气不好，决定不去游泳。他们已经坚持一年了，比赛在即，我当然希望他们去练习。这时候，我望着他们说："我心里很挣扎，我很爱你们。但是有一种爱是'温柔温暖'的爱（soft love），温柔的爱会对你们说今天就在家里休息吧；但是还有一种爱是'严加管教'的爱（tough love），也会有点不近人情、冷冰冰的，第二种爱会说：不要放弃，虽然很难，但是妈妈陪你们。你们觉得我应该给你们哪种爱？"孩子想了会儿，说："还是第二种爱吧。等我们游泳以后，请给我们买热可可，也就是第一种爱，好吗？"我高兴地答应了。

（5）聪明代表你准备好学习了

孩子常常问我们："爸爸妈妈，我聪明吗？"遇到这样的问题，其实是不好回答的，因为回答"你很聪明"容易让孩子觉得自满，回答"你不聪明"显然会伤孩子的心；不置可否也不行，因为孩子会一直追问。我们商量了一下，决定自己给"聪明"下个新的定义。我们的回答是："你很聪明啊，但是聪明的定义是什么呢？就是你准备好学习新的东西啦！"于是，在我们家，"聪明"的定义是：做好学习的准备了。每次孩子拿起一本新书的时候，我们就会摸摸他们的后脑勺，鼓励他们说："一个聪明的学习者！看，你已经做好学习的准备了！"

（6）责任感

儿子们随手乱扔衣服、乱扔垃圾的习惯，一直是我们的心病。我开玩笑说:"如果我每提醒你一次,就可以得到一块钱的话,我早成百万富翁啦!"后来,我们改变了方法,叫作"我看见……"。比如,每次儿子把脏衣服扔在洗衣篮的时候,爸爸或者妈妈就说:"我看见了责任感,感谢你用你的行动来诠释什么是责任感!"下次看到儿子把脏盘子放进洗碗机,我们又说:"我看到你把盘子自己收拾好了,这就是责任感,谢谢你又展现了一次。"

久而久之,我们发现孩子越来越愿意让我们"看见"他们的责任感。哥哥会提醒弟弟上车要系好安全带,弟弟会提醒哥哥下车记得顺手带走垃圾,他们还会提醒我们睡前要检查门窗是否关好。我们都称这些为看得见的"责任感"。

"我从你身上看到了责任感"是我们对孩子,也是对自己的不断提醒。

跟玛丽娜老师道别的时候,我们感觉这是最有意义的一次家长会,颠覆了我们对教育的一些认知,也极大地减轻了我们的教育焦虑。

思维工具:家里的"优点墙"

您特别希望孩子具备的几个优点是:

1. _____
2. _____
3. _____
4. _____
5. _____

6. _____

......

您希望在家里的哪个地方设置"优点墙"：

_____

把这些优点写在纸条上，贴在墙上。定期把看到的孩子展现出的具体优点事例写下来，贴在相应的优点下面。

定期跟孩子一起讨论怎么来"复制成功"，让优点发扬光大：

_____

_____

建议也设置"爸爸妈妈优点墙"，让孩子列一下他们希望爸爸妈妈展现的优点，记录下爸爸妈妈的进步。

第四章

只盯着孩子，怎么可能成功？

特殊的双面镜

漫长的暑假就要结束，在家陪伴了"神兽们"一段时间的我们，巴不得学校快点开学，让"神兽"归位。开学前一周，学校通知：学生归队之前，所有父母被邀请先参加一场家长会。

星期五下午，我们来到了学校的大礼堂，找了个前排圆桌坐了下来。每个圆桌上放着很多的小纸条和各种颜色的笔。在等待大家就座的时候，工作人员给每人发了一张纸，上面写着：

请列出孩子的 5 个"值得提高的地方"和 5 个"值得表扬的地方"。

我们相视一笑，奋笔疾书地把孩子的缺点一一列举出来，写得酣畅淋漓！虽然只要求写 5 个，但感觉 3 页纸都不够写啊。可是，当写到儿子们优点的时候,我们居然商量了很久,只写了寥寥几个字应付。

校长彼得先生上台了。这位憨态可掬的老爷爷,长得颇似肯德基老爷爷,每天早上都笑眯眯地站在学校门口迎接孩子们上学,风雨无阻。彼得校长曾开玩笑说:"我的每天都是在上千个握手当中开始的,没有人比我更幸福了!"

校长先把上学期末孩子们写的关于自己的"优点"和"缺点",跟各位爸爸妈妈分享。我们很好奇,拿到赶紧仔细一看,惊讶地发现孩子们写了很多自己的优点。

这时候校长清了清嗓子,说道:"刚刚大家在学校门口注意到了一面镜子。平日的时候,孩子们经过都会停一停,修整一下自己的衣服。刚刚,我也注意到好几位家长在镜子面前停下来,补个妆、整理一下头发。我们都想把最好的一面展现出来,而面对镜子的时候,我们也都会微笑,因为我们希望看到自己开心的一面。

"很少有人时刻带着镜子照一照,所以我们很少会注意到自己平日在孩子眼中,到底是什么样的。在我们眼里,我们只看到孩子;在孩子眼里,也只看到我们。这怎么理解呢?举个例子,有人知道自己生气的时候是什么样子的吗?"

听到这里,家长中有人会心地一笑,因为从来只看到孩子生气的丑样子,自己的,还真的没有看过呢。我们也想起,有时候儿子们希望我们能抱抱他们、笑一笑,我们做了后却被告知:"爸爸妈妈,这是假笑。你看,你的眉头还紧锁着呢。"原来,孩子看我们,是那么的敏锐,那么的真实啊。

校长接着说:"我生气的样子啊,我的太太说简直就是妖怪要现原形了！"

这时，有一个家长举手，怯生生地补充道："是的，我感觉平日看着孩子，浑身都是缺点，对他们的犯错特别敏感，而面对他们的优点却缺乏认可和肯定。是否在孩子眼中，我们也有很多的缺点和不足，所以他们也很少认可和肯定我们呢？"

校长向这个家长举起了大拇指，赞美道："感谢你的总结！是的，今天我只想送给大家一面特殊的镜子。这个镜子呢，是双面的，有点类似于女士化妆用的可以双面翻转的立式的镜子。这种镜子有两面，一面要照到孩子的优点，一面要照到孩子的缺点；一面要照到自己的优点，一面要照到自己的不足。"

这句话引起了我们的深思：

是啊，家庭教育表面上只是针对孩子的教育，但是我们发现在教育孩子的同时，自己也在不断接受教育；在治愈孩子的同时，自己也在被逐渐治愈。正如维马拉·麦克卢尔在《母性之道》中说的那样："孩子是镜子；他们总是会告诉你，你的内心到底在想什么。他们成长的每一个阶段，都是一个治愈你自己痛苦的机会，让你更深入自己的内心，变得更加真实。"

这时有个爸爸开玩笑式地补充道："校长，是不是类似于手机的摄像头呢？可以拍别人，也可以把镜头翻转拍自己。既看到孩子的优缺点，翻过来也要看到自己的优缺点。"

校长再次竖起了大拇指："我们这届的家长很有灵性，很与时俱进嘛！"

父母的双面镜或者摄像头，既要看孩子的缺点，也要看优点；既要对着孩子，也要照照自己。这种思考问题的角度，对我们很有启发。

思维工具：我孩子的优点和缺点

您也写一写您孩子的优点有哪些：

缺点有哪些：

反思一下：您是否看到孩子的缺点更多？怎么把对孩子的负面评价变得更加正面？

下面部分可以邀请孩子一起填写。

作为父母，我的缺点有：

1. _____
2. _____
3. _____
4. _____
5. _____

作为父母，我的优点有：

1. _____
2. _____
3. _____
4. _____
5. _____

我计划这样一点点改变自己，让我跟孩子一起成长：

做父母的五层境界

短暂休息之后,校长拿起话筒,让我们一起玩了一个热身游戏。

第一个问题:"舍得给孩子花钱的家长,请举手。"我们环顾四周,几乎所有的手都齐刷刷地举起来了。有个家长小声嘀咕:"自从生孩子以后,我都不看银行存款还有多少了。有多少,花多少啊!"这句话获得了很多家长的认同。

第二个问题:"舍得给孩子花时间的家长,请举手。"一部分的手想举起来,但是放了下去;剩下的大约有 2/3 的手仍然举着。有个爸爸大声叹了口气:"养家糊口,时间都是老板的,什么时候轮得到自己做主啊。想陪也没时间啊。"在场的爸爸们频频点头。

第三个问题:"家长经常反思自己的成长以及孩子的教育问题。"有很多手举起来了,但是同时也响起来一个声音:"校长,怎么定义'反思'啊?我可是不停地反复思考了,可是感觉越想越烦,越想越乱。"

校长示意待会儿回复,接着问第四个问题:"家长为了做更好的父母而提升和完善自己的,请举手!"明显地,只有一半的家长把自己归于这个类别。

最后一个问题:"父母尽己所能支持孩子成为最好的自己、真正的自己,父母也在成为更好的自己的,请举手!"这时候剩下的手,已经寥寥无几了。

校长清了清嗓子,出示了一张图:

父母尽己所能支持孩子
成为最好的自己、真正的自己，
父母也成为了更好的自己

家长为了做更好的父母
而提升和完善自己

家长开始反思
自己的成长经历，
关注孩子的教育问题

舍得花时间陪孩子

舍得给孩子花钱

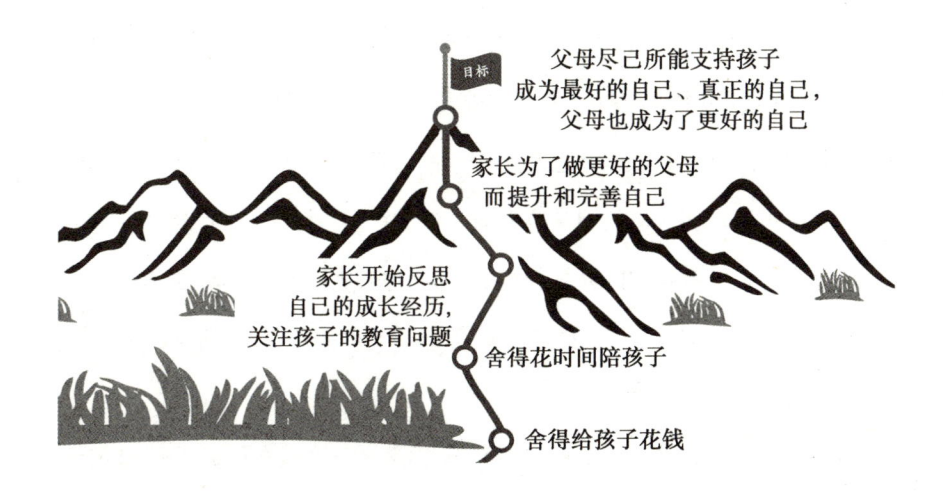

他说:"父母这个角色特别复杂。这是我个人理解:做父母有五层境界。

"第一层境界:舍得给孩子花钱。

"第二层境界:舍得为孩子花时间。

"第三层境界:家长开始反思自己的成长以及孩子的教育问题。

"第四层境界:家长为了做更好的父母而提升和完善自己。

"第五层境界:父母尽己所能支持孩子成为最好的自己、真正的自己,父母也在成为更好的自己。下面我留几分钟给大家讨论一下。"

我们一下子陷入了沉思。做父母的真谛是什么?也许第五层境界中"成为更好的自己"能回答这个问题吧。

我们正在思考的时候,不少家长已经跃跃欲试,开始分享自己的反思。

第一位家长说:"我最大的感受是,孩子在不同成长阶段的需求都在变化,而父母的角色也在不断地演变。不要因为是父母,就想当然地认为子女是自己的私有财产。大家有缘分一起走过人生的一大段道路,但是孩子最终是属于这个世界的。和孩子在一起的时间,且行且珍惜。因为,不知道从什么时候开始,那个曾经每天需要你的拥抱才能入睡的孩子,已经长大了;那个曾经牙牙学语的孩子,已经开始纠正你的发音;那个喜欢你睡前陪伴的孩子,变得更喜欢和自己的同学或者朋友粘在一起;那个你掌管衣食住行的孩子,开始有自己对穿衣的喜好和想法;那个你曾经了解的小男孩或者小女孩,在青春期变得陌生而不可理喻;你会觉得不再被需要了,仿佛你所做的一切只是换来了更多的埋怨和不满。"

校长点点头,总结道:"是的,所有的孩子都会长大,在阳光下可以像个孩子,但在风雨中就要像个大人。孩子大了,父母纵使万般不舍,最终也要放手。挑战和机遇并存,我们需要不断升级自己的系统。为了跟上 2050 年的世界,你要做的,不仅仅是创造新的点子和产品,更重要的是,一次又一次地重塑自己。用在做父母这个角色上,也就是我们需要不断成长,至少要跟得上孩子的成长速度,才能跟孩子齐头并进。"

思维工具:父母的五层境界

第一层境界:舍得给孩子花钱。

第二层境界:舍得为孩子花时间。

第三层境界:家长开始反思自己的成长以及孩子的教育问题。

第四层境界：家长为了做更好的父母而提升和完善自己。

第五层境界：父母尽己所能支持孩子成为最好的自己，父母也在成为更好的自己。

我大概在哪个境界：

我可以怎么提升自己：

教育即生长

回家路上，我们俩一直在回味今晚的谈话。

"教育即生长"，这一主张是杜威在卢梭的自然教育思想的基础上，进行了进一步阐释——生长之外别无目的。在教育的路上，不论是孩子还是父母都从未停止生长，只不过有的人主动地有意识地生长，有的人被动地无意识地成长。

从孩子身上其实能看到很多自己的问题。而我们怎么选择面对自己，有时候决定了我们会怎么样影响孩子。

程毅回忆道:"有段时间,大儿子迷上了电子游戏,回到家完成了作业以后总是要求更多的玩手机时间。我解释了过度的手机屏幕时间对眼睛和注意力都有负面影响,可是每次说,他都听不进去。后来我问他为什么不听劝告,他支支吾吾地说:'你就这样做的啊,每天下班回家看手机,吃饭时和睡觉前都放不下手机。'"

程毅反省,其实是自己带了个不好的头,影响了孩子。自此之后,他答应孩子:回家以后尽量少看手机,吃饭和陪伴家人的时候不看手机。爸爸改变以后,发现不仅有更多的时间陪伴孩子,也以身作则鼓励孩子尽量少接触电子屏幕,多参与读书、画画、弹琴、下棋和运动这些更有利于身心发展的活动。

父母是孩子最亲密和信赖的人,孩子是父母习惯和行为的镜子。所以父母们务必要注意在管教孩子的时候不要光从孩子身上找问题,也要找找自己的问题。一味说教孩子是没有结果的,一定要先审视自己的问题,才能影响和改变孩子。

第五章
放下成见　无为而治

赢在无形中

我的导师艾伦先生五十年前从中国台湾移民美国,做过大学教授,也竞选过地方官员。他说话总是笑眯眯的,和蔼可亲。更令我们佩服的是,离婚以后,他一个人带大了两个女儿和一个儿子。大女儿在一家著名的医院当医生,二女儿是美国政坛里冉冉上升的新秀,最小的儿子是科技创业公司的管理者。

导师由于是单亲父亲,很疼惜两个女儿。从女儿五岁起,在女儿生日的当天,他会穿上隆重的西装,让女儿穿上美丽的公主裙,然后风度翩翩地带着过生日的女儿去高档餐厅用餐。回家的路上,他会给女儿送上一束鲜花,让女儿觉得自己是世界上最幸福的小公主。为什么要这么做呢?因为他想教会女儿，作为女性是值得别人爱护和尊重的，而被爱护和被尊敬的感觉，就是爸爸对女儿的这种关注。

艾伦导师说："孩子们高中的时候，我问过他们将来想做什么？我的大女儿自豪地宣布：'我要生四个孩子，做全职太太！'我很开心地跟她击掌：'太棒了！我就有一大群孙子孙女可以宠爱了！'"听到这里，我们吐了吐舌头。一般孩子这么对爸妈说，爸妈一定会觉得这孩子胸无大志。

他继续说："我大女儿很喜欢帮助别人，所以每年暑假我送她去医院做义工。她认识了很多的医生，也对这个行业有了更多了解。大学毕业以后她决定去医学院深造，专攻麻醉方向。为什么呢？因为做麻醉师工作时间灵活，工作压力也不大，很方便她照顾家庭。现在，她真的育有四个孩子，也成功成为麻醉师，过着自己想要的生活。"他智慧地"放低身段"，支持女儿想做四个孩子的妈妈的人生理想；但也因势利导，在孩子选择职业的关键期，送孩子去体验医院的义工生活，进而结识能真正影响孩子未来发展的人士。作为父亲，他非常高明地引导孩子找到了属于自己的路。

无为而治，赢在无形之中，这就是艾伦导师的智慧。

"隐形"大盗的故事

某个周末下午，我们的两个邻居妈妈带着孩子来串门，孩子们在楼下玩着乐高，我们四个则泡上咖啡，在后院摆起了"龙门阵"。住我们家左边的妈妈朱迪是个典型的女强人，在美洲银行任部门经理，干练精明，两个孩子穿戴干净整洁，连头发都没有一丝乱的；而住在右边的安妮是我们公认的性格最温柔、为人最随和的妈妈,从不对孩子提要求。我们常常看到她带着孩子在后院种花种菜,一身泥水但是笑声不断。

朱迪跟我们说了一个故事:

"我在银行工作,那就跟你们说一个银行劫案!1995年的一天,一个叫麦克阿瑟·惠勒的男人在光天化日之下抢劫了匹兹堡的两家银行。他非常自信,跟其他劫匪不同,他没有戴面具或做任何伪装,直接大摇大摆抢劫。他甚至找到一个监控摄像头,摆出胜利的姿势,露出得意的微笑。当天下午,警方根据摄像头里的信息马上逮捕了麦克阿瑟·惠勒。这个小子挺会演戏,直呼冤枉。警察只得给他看了当天的监控录像。他看完以后,难以置信地说:'不可能吧!我可是隐形人啊!'这下警察也糊涂了。原来,麦克阿瑟·惠勒认为他找到了一个隐形的办法,就是把柠檬汁涂在皮肤上,这样摄像头就拍不到他了。他看了一个特工电影,电影里一个特工用柠檬汁在白纸上写字,收到白纸的人只需把白纸靠近蜡烛,字迹就清晰了。既然柠檬汁可以被用作隐形墨水,他便觉得涂柠檬水就可以完全隐形了。"

我们一听马上反驳:"世界上不可能有这么傻的人吧!"

朱迪认真地补充道:"这个麦克阿瑟·惠勒的故事是真人真事。警察也不相信,他们还带着他去做了鉴定,结果发现他没有精神病,而是真的这么以为。后来,这个故事引起了康奈尔大学心理学家大卫·邓宁的注意,他让研究生贾斯汀·克鲁格去深入研究。他们推断,每个人都对自己有信心,有些人甚至会错误地高估自己的能力。这种'自信的错觉'后来被称为'邓宁—克鲁格效应',是一种夸大自我能力、对自我评估的偏差。"

这个故事引发了我们的深思,因为很多父母都高估了自己的育儿能力,觉得自己经验十足,什么都是对的。所以他们常说:"我过的桥比你走的路多,我吃的盐比你吃的饭多!"他们总是跳出来替孩子做决定,把自己认为最理想的人生强加在孩子身上。虽然在亲子博弈中,表面上父母占据了主导,但其实缺乏了"赢在无形之中"的智慧。

盲区和未知

我对朱迪提到的"邓宁—克鲁格效应"产生了浓厚的兴趣。顺着这个思路,我想到了曾经学习过的"周哈里窗"理论。

"周"和"哈里"是美国两个社会学家的名字。1955年,他们把自己的理论画成了一个看上去像"窗户"的图,命名为"周哈里窗"。

在图里,周和哈里把人的认知分为四种:

- 不知道自己不知道(盲区领域)
- 知道自己知道(开放领域)
- 知道自己不知道(未知领域)
- 不知道自己知道(隐形领域)

比如,在家庭教育里,我们有时候挺清楚要做什么,有时候知道自己很迷惘,有时候做对了也不知道为什么,有时候是做错了却以为自己做对了。

在"周哈里窗"里,如果把孩子和父母的关系用图表示是这样的:

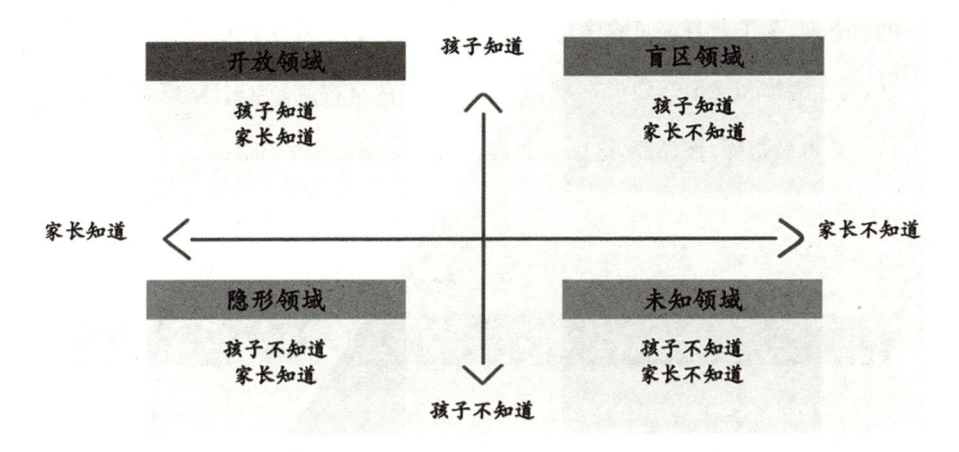

	孩子知道	
开放领域 孩子知道 家长知道		**盲区领域** 孩子知道 家长不知道
家长知道 ←		→ 家长不知道
隐形领域 孩子不知道 家长知道		**未知领域** 孩子不知道 家长不知道
	孩子不知道	

比如,有个家长曾经当着我们的面指责孩子:"很遗憾她一直沉迷在电脑游戏里,在明知道自己成绩不好的情况下置之不顾,一天不玩游戏她就浑身难受。我已经明确告诉她了,如果自己不努力,其他都是枉然。"这种话看似有道理,家长也是希望能"激励"到孩子,但是换来的只是孩子一个白眼而已。这种"正确的废话"根本帮不到孩子。家长误以为自己掌握了孩子不知道的真谛,但是殊不知自己才是那个处于盲区的人。

在家庭教育当中,很多家长都高估了自己的能力,觉得讲人生大道理,孩子就一定会顶礼膜拜、依计而行。或者,有时候直接否认孩子,自己代劳,这种缺乏智慧的做法,只会直接引发亲子危机、家庭矛盾。

面对孩子玩电脑游戏这件事情,在开放领域的家长会跟孩子坦诚相待,甚至会陪着孩子一起玩,大家一起去认知和学习,一起认清雷区也一起斩获优势;与之相对的是未知领域,就是家长不闻不问不管控,孩子也毫无节制,任其自由。这样表面看上去相安无事,但是背后的问题却在隐秘的角落滋生。而在盲区的家长，只会一味地反对孩子玩游戏，这样把孩子推向了自己的对立面，孩子背着家长偷偷玩、悄悄玩，表面上言听计从，但实际上我行我素，善于掩饰和撒谎。隐形区域，家长们会非常有智慧地去引导孩子，不让孩子觉得被指挥、被操控，这也是我们认为最高明的"无为而治"。

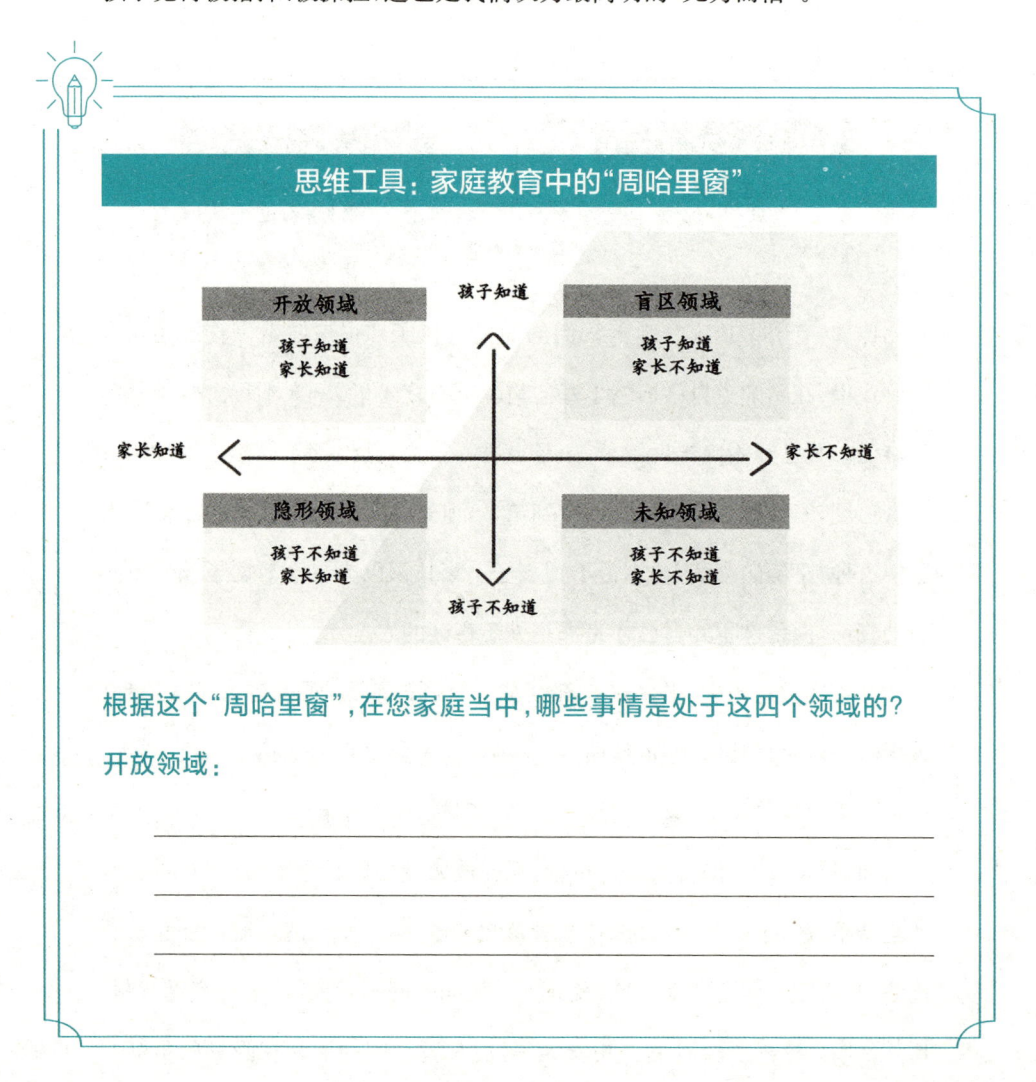

思维工具：家庭教育中的"周哈里窗"

	孩子知道	
开放领域 孩子知道 家长知道		**盲区领域** 孩子知道 家长不知道
家长知道 ←		→ 家长不知道
隐形领域 孩子不知道 家长知道		**未知领域** 孩子不知道 家长不知道
	孩子不知道	

根据这个"周哈里窗"，在您家庭当中，哪些事情是处于这四个领域的？

开放领域：

_____

_____

_____

盲区领域:

_____

_____

_____

隐形领域:

_____

_____

_____

未知领域:

_____

_____

_____

怎么可以达到更好的沟通，形成新的共识？

_____

_____

_____

朱迪冲旁边的安妮挤挤眼睛，说道："别看安妮每天就带着孩子在院子里疯玩，她可是用尽了心思。她是属于真正懂孩子懂教育的人！"

安妮只能不好意思地笑了笑，解释道："我没有看过那么多的育儿书，也没有大的理论支持，但是我知道，要孩子听我的，就得陪着他们去做。很多父母喜欢说'照我说的方式去做'，而不是'照我做的方式去做'。其实言传和身教不可分离。我陪孩子们种花种菜，责任心教育和劳动教育就都融入里面了。"

她继续分享了一个故事：

"清晨的时候，我喜欢带着孩子沿着小区小溪的林间小道跑步，因为树林比较密，环境幽静，一路上人很少，除了偶尔见到鸟、野鹿和野兔。有一次跑到一个岔道口拐弯的时候，突然看到地面上蹲着两个人，一个矮胖的成年男子，身上背着一个废旧的轮胎，身后跟着一个七八岁的小男孩，手里拿着一个大垃圾袋。我们一边和他们打招呼，一边心里纳闷那个旧轮胎好像在小道上的某个地方看到过。那个男人指着一个被丢在路边的易拉罐，对身后的孩子说：'把这个也装袋子里吧！'我们仔细一看，原来他们戴着手套在公园的小道上收集塑料垃圾。心里突然明白，原来他是附近的居民，周末的早上自发带着儿子来公园收垃圾。他身上背的废旧轮胎，就是我们经常跑步时看到的被遗弃在小道上的那个。我佩服这个爸爸以身作则、身体力行，为孩子树立了良好的榜样。所以，与其说百遍，不如带孩子做一遍。"

听到这里,回想管控孩子打游戏的例子,我们是否也能偶尔放下手机,拿起书本陪孩子读名著、穿上跑鞋陪孩子晨跑锻炼?"说百遍不如带着孩子做一遍"就是最好的无为而治了。

思维工具:想一想(THINK)

以下这个思考工具能帮助爸爸妈妈们在跟孩子沟通时避免陷入"正确的废话"般说教。

THINK 工具是美国中小学教给孩子的说话方式,我借用到家庭教育当中,帮助父母跟孩子,以及跟其他家人更加有效地沟通。

说话前,想一想(THINK)自己要说的话,是否满足以下五个条件中的任何一个。理想情况是全部满足。

THINK
BEFORE YOU SPEAK:
IS IT... TRUE?
IS IT... HELPFUL?
IS IT... IMPORTANT?
IS IT... NECESSARY?
IS IT... KIND?

T：Is it true? 你说的话真的是事实吗？

H：Is it helpful? 你说的话真的能帮助到孩子吗？

I：Is it important? 你说的都是重要事情吗？

N：Is it necessary? 你说这些，真的有必要吗？

K：Is it kind? 你说的话，是否真的出于善意？

拿这五个标准检验跟孩子的沟通，跟配偶的沟通，跟其他家人的沟通，我们会发现，说话也是一门艺术。

下面是我们常跟孩子说的话，是否达到了上面的标准？

——你不好好学习，将来就没有出息。

——你这么笨，又不努力，学习成绩才这么差。

——你的这些坏习惯会害你一辈子！

——你不听老人言，吃亏在眼前。

在您的家庭里，这是孩子常常听到的训导：

_____

_____

如何让这些训导变得更加符合 THINK 的沟通标准：

_____

_____

中篇

做父母,直面挑战、躬身入局

《孙子兵法》言:
"水之形,避高而趋下;兵之形,避实而击虚。"
孙子认为作战应像水,灵活变换,避免正面交锋,但是要能击中要害。
在中篇,我们直面孩子在成长过程中的几大困惑:
电子产品、青春期的叛逆、情绪的掌控、时间管理、目标的设立等。
家长怎么更好地走进孩子的内心,切实引导他们走出雷区?
我们通过探寻脑科学、心理学和行为学的相关知识,
抽丝剥茧,跟您一起寻找策略。

第六章
电脑产品到底是福是祸

网络"原住民"

每年的八月,美国各个中小学会进行各种各样的教师培训。2020年的主题是青少年身心健康与电子产品管控。我们观看了纪录片《电子屏幕前的青少年》(*Screenagers*),各位老师感触颇深。

午餐时间到了,我和一群外语系的老师到学校食堂领了餐盒,找了个舒适的露天草地,坐下来边聊边吃。天上白云朵朵,地上微风徐徐,我们感觉很舒畅。不知不觉,我们聊到了电子产品和电脑游戏这个话题,以及刚刚观看的纪录片,大家似乎都有一肚子的话要说。

有着一对可爱双胞胎女儿的克里斯,首先开始倒苦水:"网络危险无处不在啊,有的恋童癖通过网络搜寻目标,有的黑客通过网络获取别人的隐私信息,简直防不胜防!我的两个女儿马上上初中了,每天缠着我给他们买电脑和手机,我很担心这个'潘多拉的魔盒'让孩子们陷入危险。"

法语老师丹妮耸了一下肩膀,反驳道:"现在的孩子都是网络'原住民',我们也不能因噎废食,强行阻断啊!"

我轻轻地点了点头。的确,在刚刚的培训上,校领导还展示了两则漫画。在第一则漫画里,第一次上学的小朋友指着教室中间的黑板,很好奇地问老师:"老师,这个是大触屏吗?主屏幕按钮在哪里呢?"在另外一则漫画里,一个小学生在图书馆读完一本纸质书以后还给管理人员,然后好奇地询问:"我还想要一本,请问到哪里下载呢?"

我们看到漫画不禁被孩子们的可爱模样逗笑了。等笑声平息以后,校领导语重心长地说:"大家看,这就是我们新时代的学生!在当今不断变化的世界中,不仅教育体系发生了变化,而且儿童们学习的方法也发生了变化。现在的孩子在充满电子产品和多媒体娱乐的世界里长大。电视、电脑和视频游戏都在改变儿童大脑获取新信息和吸收新信息的方式。"

坐在台下接受培训的我心想:是啊,现在社会发展快速,孩子们在一个全新的时代成长,手机、电脑、平板,一拿到手上就知道玩。高科技已经极大地改变了我们学习、生活和娱乐的方式。

麻省理工学院的教授就21世纪最大的两大学习变化,做过深刻分析:

第一,网络学习的兴起和普及。"网络"在这里指什么呢?第一指的是上网。现在打开电脑和智能手机,几乎所有想学的知识和技能都可以被找到。同时,在各个网络社群里,群成员相互交流和学习。比如,在微信群里,不管是烹饪、种植,还是自驾游,进入相关的群,都有一些志同道合的朋友,能帮助指点一二。

第二，自动化的提升。自动化的工具非常擅长把常规的事情做好，可以解决大部分有既定程序的问题；而人类则擅长做非常规的事情，所以我们要努力提升解决问题的能力和创造力。学校应该着重教学生计算机编程无法解决的高级技能。用华为高管孟晚舟教育孩子的话就是："凡是机器会做得比你好的，都不是你的工作；你要学的，是机器做不来的。"

《人类简史：从动物到上帝》的作者尤瓦尔·赫拉利曾经说过一句话，让刚迈过四十岁门槛的我们，有点觉得自己老了。他说："我能给 15 岁孩子的建议是，不要太相信现在的大人。他们尽管大多数满怀好意，但他们已经落伍了，并不真正了解现在这个世界。"是的，我们作为网络"移民"，思想观念更新的速度远远比不上时代的发展。现在的孩子都是电子产品的"原住民"，那作为父母，我们该如何引导他们正确使用呢？

作为网络"原住民"，孩子们一有机会就想玩大人手机

妈妈，我可以玩电脑游戏吗

教初中西班牙语的梅根老师叹了口气："电脑游戏已经成为现在孩子们的社交方式之一。我们的学生说：'如果不打游戏，我就不会有朋友。他们一旦邀请我，我就需要上线。'看着孩子愁眉苦脸的样子，我也很同情他们。"

我自己十岁才第一次看电视，十八岁读大学才上第一堂电脑课。曾经我觉得很委屈，感觉自己好像错失了什么。但是，研读了儿童心理学和教育学的书，也跟孩子的儿科医生取经以后，我深刻地意识到电子产品对孩子大脑发育有很多危害，沉迷电子游戏会对时间管理造成障碍。所以，对于电子产品在自己童年的缺失，我反而觉得很庆幸。

就像学生抱怨的那样，跟着电子产品长大的他们，也是有苦难言啊。一方面父母极力阻止他们沉迷网络，一方面父母自己也经常无法自拔；另外，现代社会对电子产品极度依赖，没有手机几乎寸步难行。最重要的是，玩不玩游戏，有时候已经不是个人选择，而是迫于社交压力，成为不得不做的事情。

两个孩子出生以后，我们自然需要面对这些现代人才有的独特烦恼。孩子充满纯真的一句"我可以玩电脑游戏吗？"常常让我们不知如何回答。我们夫妻俩商量了一下，统一了策略：

第一，孩子出生以后，家里的电视就再也没有用过。所以我们自己有近十年没有看电视了，电视也从来不是孩子生活的一部分。当大环境无法改变的时候，我们只能改变家里的小环境。

第二，电子产品被定义成了"奢侈品"和"特权"，孩子只有在履行了学习任务之后才有机会玩一玩，每次不能超过三十分钟，而且只能在下午时间玩。"奢侈品"也就意味着玩游戏不是必需品。这一点，我们持之以恒地给孩子解释，并跟他们签订协议，变成一个不可撼动的家规。

第三，不可以联网跟别人一起玩，这样就不会出现不玩游戏会伤害友谊的情况。游戏也都是父母事先审核过的。

一切都计划得不错，直到儿子们有一天突然看穿了我们的把戏。他俩商量以后，正式约谈了我们。他们陈述了很多的理由，表达为什么应该增加他们的网络游戏时间以及该放宽相关政策。最重要的是，需要安装大电视，这样玩起来才真的过瘾。他们的陈述情真意切、慷慨激昂，我们默默交换眼色：姜还是老的辣，两个毛头小子，你们还暂时不是爸妈的对手哦！

我们从"脑""心""手"三方面，谋划了三条对策。"脑（head）""心（heart）""手（hand）"三"H"教育的配合非常重要，三个方面相辅相成，缺一不可。

好的家庭教育要有脑、心、手三者结合

先谈"心"。在孩子慷慨激昂控诉我们的时候，我们只是默默地拿出笔记本，把孩子说的每一条都详细记录，虽然心里说着一万个no、no、no，脑海里也盘算着反击的办法，但是嘴上还得表扬他们思维清晰、敢于沟通。末了，我们还认真地请他们核对一下笔记内容是否准确，并感谢他们的信任。从"攻心"的角度，这样做让孩子感觉到父母重视他们的反馈，愿意倾

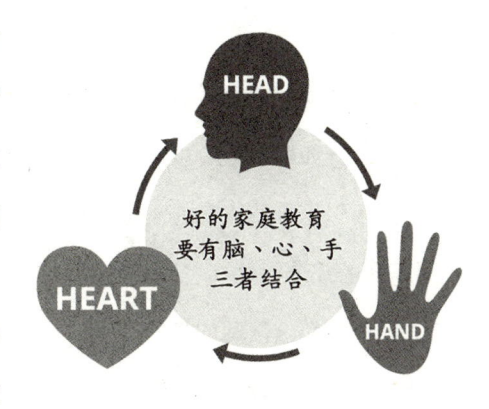

听他们的声音;这样反过来,他们也会更加愿意聆听父母的提议。

从"脑"的角度,我们发动了一项家庭科研活动,全家一起收集大脑发育和电子产品的关系。注意,我们只提"关系",并不强调"坏处",因为我们希望孩子自己得出结论。狡猾的老大罗列了玩电脑游戏的十条好处,每一条都是"引经据典",除了文字,甚至还找了某某教授的视频采访资料来支持自己的观点。我们一一接受,也从脑神经科学的角度提出电子产品对大脑的影响。我特意引用了科学家做的小白鼠实验,解释每天在屏幕前5小时以上,小白鼠不仅连基本的生活能力会渐渐丧失,而且会出现各种严重的健康问题。

又回到"心",我们解释一切宗旨是希望他们得到该有的保护、知道相关的知识,因为他们已经长大了,有权知道真相。孩子听到这里,他们的语气开始缓和。

继续在"脑"的部分深入探讨,我们一起思考了用电子产品可以帮助成长的方面,比如好视频可以增加眼界,网络数学和阅读练习可以帮助巩固知识,用搜索引擎寻找答案能满足对世界的好奇心。在一张纸上,我们归类了电子产品的几个用处,以及正确使用它们的方式。

最后,我们想强调的是"手",也就是电子产品可以用来帮助我们创作什么,比如制作视频、撰写文字、编程设计等。他们发现可以用电脑学习画画,创作非同凡响的漫画!

以上是我们一个晚上探讨的全部内容。虽然身心俱疲、口干舌燥,但是能通过这个契机,大家畅快沟通、达成一致,成就感满满。从"脑"的晓之以理,到"心"的动之以情,再到"手"的学会用电脑进行创作,孩子和我们达成了共识。

"妈妈,我可以玩电脑游戏吗?"看上去是个很简单无邪的问题,但却是一场精彩博弈的开端。

思维工具:脑—心—手

解决任何一个问题,可以从脑、心、手三方面来探讨。

列一个最近跟孩子有矛盾冲突的地方:

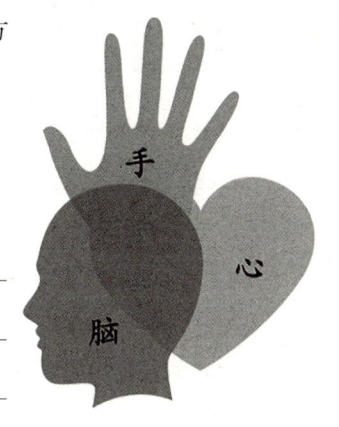

_____

_____

_____

_____

想想从"心"的角度,动之以情,可以怎么寻找沟通的思路?

_____

_____

_____

_____

_____

> 想想从"脑"的角度,晓之以理,可以怎么寻找理性的分析?
>
> _____
>
> _____
>
> _____
>
> 想想从"手"的角度,付诸行动,可以怎么寻找解决的途径?
>
> _____
>
> _____
>
> _____

电子海洛因的背后

"你们对刚刚看的纪录片《电子屏幕前的青少年》有什么感想呢?"我很好奇地问大家。

电影的制作人是德莱尼·勒斯顿博士,她是个脑科学家、医生,也是两个孩子的妈妈。当时,她的女儿刚刚上初中,天天缠着她要买手机,家里的气氛十分紧张。而她14岁的儿子,跟所有男孩一样,特别喜欢玩电脑游戏,一玩起来就停不下。为了明白电子产品跟青少年大脑发育以及健康之间的关系,她走访了很多专家,拍成了这个纪录片。

克里斯老师说:"我觉得影片传递了一个重要信息:与其一味指责孩子'没有自制力''不会时间管理''喜欢低级趣味',还不如好好了解一下电子产品上瘾背后的脑科学、心理学,以及从孩子角度看待他们的无奈和压力。这是对我启发最大的,因为我之前觉得电子产品只是灾难。"

为什么孩子们会玩游戏上瘾,或热衷于社交网络?纪录片解释,当人看到新的信息,或者是学到新的东西,大脑会分泌多巴胺,让人倍感愉悦。手机和电脑不仅解压,而且能让人逃避现实、享受虚拟的幸福。追求愉悦感受的欲望会驱使孩子们沉浸在游戏和社交网络中,不能自拔。游戏里背景、场景、人物等画面一直都在变化,玩的过程中还可以过关斩将、收集宝物,不间断的新刺激让人欲罢不能!社交网络也类似,上传照片,得到点赞,人会不自觉地沉浸于这种被人关注的幸福感之中。这种幸福相对来说比较容易实现:游戏的虚拟世界,网络上的赞美词,都不需要太多努力。

所以,自律能力有限的青少年对于电子游戏和社交类网络,非常容易上瘾。即便是有一定自律性的大人也容易沉迷其中,总是忍不住诱惑。

网络世界可以让我们长时间地集中注意力于某一件热衷的事情上,避开那些不愿意面对的东西。但这种虚拟的、暂时的快感,长此以往,让人开始逃避现实问题,最终陷入更痛苦的状态,造成大家一离开手机就焦虑的心理状态。

在纪录片里,勒斯顿博士记下了很多日常跟女儿的斗智斗勇。面对女儿的叛逆,很多时候她十分无奈。她说:"对于大脑正在发育的青少年来说,把自己曝光在过多的、单向信息灌输的电子屏幕前,无异于吸食精神鸦片,沉浸在虚拟世界的惯性中不能自拔。"

她的这段经历让我们的拉丁语老师哈利感同身受。他面对14岁的女儿也是苦不堪言："我不知道什么时候该说什么，经常感觉我说的话让事情变得更糟糕！我觉得我得时时刻刻小心着，一旦说错了话，她就再也不理我了。光是想想，就让人抓狂！"

在纪录片里，16岁的泰莎越来越沉默和叛逆。她常常漫无目的地刷着手机，希望逃脱现实。泰莎发现，越是希望在社交网络寻找慰藉、摆脱压力，她越孤独，越有压力。这种现象就是FOMO（Fear of Missing Out），也就是"我又错过了什么？"。这种生怕错过社交媒体的新消息和追逐与同龄人的融入感带来的焦虑，正在悄悄地影响着青年的心理，导致他们无时无刻不在查看手机，日夜不停地跟踪着网络上的热门人物或事件。

那面对电子屏幕成瘾，家长到底能做什么呢？

法语老师丹妮是国家二级心理师，她结合纪录片内容，总结了家长可以用的几个策略，帮助孩子更愿意敞开心扉：

（1）"孩子，你已经做到最好了！"

大部分的青少年是极度不自信的。他们总担心自己长得不好看，不够优秀，别人不喜欢自己。无论他们看起来多么坚强，多么自信，他们总是在担心着什么。

孩子焦虑的事情，有时候我们都觉得匪夷所思。比如，我的一个学生说："我每次看到我的朋友晒美食、晒旅游的照片，我就觉得很不开心。因为他们好像在炫耀我没有的东西。"这些焦虑，是我们这一代的人无法理解的。随着网络的发达，信息的透明，在网上看的东西越多，就越焦虑。

很多青少年，不敢跟父母沟通。很多孩子，一看到父母，就充满了内疚、羞愧、沮丧，尽管他们知道父母爱自己，但是就是跨不过心里那道坎。所以心理学家给爸妈的建议是，当感觉到孩子有压力的时候，就告诉他："孩子，你已经做到最好了！""孩子，再艰难，我们也会一起挺过去的！"这会让孩子觉得，不是自己一个人在扛着所有的压力。

在影片中，患抑郁症的泰莎说："在最艰难的时刻，我听过的最有帮助的一句话是：'你已经尽力了，已经做到最好了！'这让我一下子卸下了心理的负担。还有，我爸爸说的一句话：'这一切都会过去的！'让我得到了最大的安慰。"

（2）"我理解你的心情和感受。"

不断肯定和接受孩子的感受是良好沟通的开端。

比如下面两个场景，您觉得哪个沟通会更顺畅？

场景一：

女儿：今天老师当众批评我，让我觉得难堪极了。

妈妈：一定是你又不听话了，老师才批评你吧？

女儿：（无话可说）

场景二：

女儿：今天老师当众批评我，让我觉得难堪极了。

妈妈：哦，我很理解你的心情。想跟妈妈聊聊吗？

女儿：（点点头）

如果父母实在不知道该说什么时，就多问些问题。纪录片中的著名治疗师约翰·戈特曼提供了一些建议,比如可以问孩子:"你的朋友说了什么?你当时心里怎么想的呢?你现在有什么打算呢?"父母一定要避免立马跳起来,着急提供解决的办法和方案。

纪录片还描述了加州大学欧文分校的一个实验。一群孩子在做拼图游戏,科学家们对比了家长在场和家长不在场时,孩子和家长的压力和焦虑指数。结果发现,当家长在场忍不住给予孩子拼图建议的时候,家长的压力指数虽然降低了,但是孩子的压力指数却升高。很多时候,孩子的压力来源之一,就是家长自己。

儿子,让我采访你

我也分享了一个引导孩子玩游戏的方法:孩子每次玩完电子游戏就特别兴奋,借着孩子的兴奋劲,我们会进行采访!我设计了一个游戏提问清单:

策略名称	策略简介
3—2—1	3个游戏中的人物,2个游戏中的晋级方式,以及1个游戏的漏洞。
便利贴	在一张便利贴上写下:打完这局游戏,我最想分享给别人的是……
提问	打完这局游戏以后,我有3个希望澄清的问题:……
一块钱摘要	每句话值一毛钱,写一份一块钱的游戏规则介绍(也就是十句话)。
报纸标题	如果你玩的这个游戏明天成为报纸头版头条,那标题应该是什么?
写邮件	如果你给游戏开发者写一封邮件,你会写什么?

续表

策略名称	策略简介
前后对比	在玩游戏之前,根据你收集的信息,预测一下这个游戏是否好玩;玩完之后,写一个小总结,跟预测对比。
广告词	如果游戏公司要你帮助宣传,你怎么来写广告词?
关键词	如果你用几个关键词来总结这个游戏的特点,会是哪几个词语?怎么用一句话把这些词串起来?
推荐理由	如果你要推荐这款游戏给你的好朋友,写出三个推荐理由吧。
画图	你能把游戏的场景画出来吗?
其他的游戏	找出这个游戏公司还开发过什么游戏吧。
同类型游戏	找一找是否有很类似的游戏,为什么类似?
短视频	如果你要拍个一分钟视频介绍游戏内容,可以怎么做?
设计游戏	如果根据玩的这个游戏,设计一个更好的游戏版本,会是什么样呢?
表演	选出游戏中的一个场景,通过哑剧表演出来。
好评	给打个5星的好评吧,写写评语。

孩子们似乎很享受接受我们的采访,因为他们有机会跟我们把玩游戏中的辛酸苦辣一口气倾诉出来;对于游戏中的漏洞和问题,他们也能指点迷津。在这个过程中,我们发现一个孩子喜欢从文科的角度审视,对游戏相关的历史、公司介绍、开发者研究很感兴趣,另外一个孩子则是理工娃,对编程产生了兴趣。

所以游戏并非洪水猛兽,游戏无处不在的今天反而提供了让我们跟孩子互动的机会和研究的话题。我有一个学生,内向拘谨、不善言辞,但是她对于学术的潜心研究和融会贯通有超人的天赋。她曾经跟我们分享了电子游戏的历史和演变,我们的儿子还跟她学习了很多著名游戏公司的兴衰史。她的分享展示了同龄人少有的自信和渊博,让我们看到了游戏不只是一个简单的娱乐工具,还是一种商业模式、社会现象,是一个很好的研究话题。

第七章

谁没有个青春期？

青春期的烦"脑"

大儿子刚满10岁,青春期的前期征兆已经出现。比如曾经每天早上上学前都要跟我拥抱,然后挥手再见。现在不仅没有了曾经小暖男的温情,反而一下车就告诫我:"妈,这是学校,不要动不动就叫我'宝贝',不要伸手抱我,也不要在午饭时间来看我。在学校见到我,也不要跟我打招呼。"

看着他一脸严肃的模样,我想起第一天参观儿子学校时,一位老师热情地带我参观校园。在一个拥挤的走廊里,她指了一个刚过去的背影,几分幽默几分无奈地说:"哦,忘了介绍,刚才白我一眼的那个,就是我女儿。"

还记得有一天,爸爸好心提醒大儿子要收拾行李,准备好第二天的春游活动。但是大儿子不仅不接受,反而翻了个白眼,好像他老爸是全世界最奇怪、最无聊的人,气得爸爸几乎要七窍生烟!

我有个同事,也有两个孩子,13岁和15岁。她说:"以前在公共场合,她们嬉戏打闹,我会说'妈妈唱歌给你们听',她们就会安静下来,听我唱好听的儿歌;现在,在公共场合,她们嬉戏打闹,我也会说同样的话,但是变成了'威胁',因为我一唱歌,她们就恨不得赶忙找个地缝钻进去!"

美国作家丽莎刚果的《我见过的最美丽的东西》一书中有一句让我们心动的话:"有时候我想哭,因为我太爱他们了!有时候我想哭,因为做母亲,太难了!"曾几何时,可爱而稚嫩叫着"妈妈、妈妈"的宝贝变成了"话不投机半句多"的酷酷的大男孩,而以前那个总是要妈妈抱抱的暖男开始变成了冷冷的背影?我的闺蜜说:"自从女儿进入青春期后,我发现家里养条狗很重要。这样下班的时候,至少家里还有一个活物很高兴见到自己。"

作为父母,我们该怎么理解孩子,真正走进孩子的世界和内心?

传统观念认为儿童一旦进入青春期,他们的大脑发育过程基本上就完成了,青少年的头脑和成人没有太大差别。而事实上,过去几十年的神经学和大脑发展研究显示,青少年的大脑处于一个非常特殊的发育阶段。人的大脑,一生都在不断的变化之中,大脑在青春期的变化尤其大。

詹森博士的《青春期的烦"脑"》一书,从脑科学角度解读青春期,帮助家长和老师应对各种青少年挑战。在书中,她用平实的语言和科学的论证,以及丰富的事例介绍了有关青少年大脑发育的各种知识,为我们提供了一个审视青少年行为的独特视角。

在这个阶段,青少年有其明显幼稚和考虑不周之处,但也有强于成人的地方。比如,脑中部的控制身体运动的部位,在青少年时期就达到了高峰。

也就是说，通过不断的动作重复和专项训练，大脑可以具备高度的准确性、灵敏度和操控性，这也是为什么大多数需要身体高度协调和精确发力的运动项目的运动员，往往在年轻的时候就达到了运动巅峰状态。用詹森博士的话说就是，青少年的大脑神经元在脑神经网络形成的初期，获得了足够的刺激而形成交联；他们学习能力相当惊人，学习速度快，具备很高的可塑性。爸爸妈妈是不是常常感叹，自己家的宝贝，学英文比自己快，学小提琴比自己快，体力比自己好，还记忆力比自己强。

但是，我们也知道，一旦错过青春期这个黄金时期，神经元再想要交联难度大大增加，有时候即使有成倍的外部刺激也无法再形成交联；这也就是人年纪越大，学东西越慢，也越容易健忘的原因。

我们的大脑经历从后部向前部逐渐成熟的过程，最后成熟的部分是脑前额叶。脑前额叶特别重要，要负责推理和解决问题，帮助我们做未来规划、做判断、做决策、控制注意力，以及抑制冲动。可以说，人和动物的区别，就在于人类发达的脑前额叶。可是，这么重要的部位，却要在 25—30 岁，甚至更晚才完全发育！

所以，青少年比较冲动、缺乏自知之明、缺乏长远规划、缺乏明智的判断力、以自我为中心，原因之一是大脑还没有完全发育。比如，明明知道考试就在明天，前一天晚上还可能玩游戏到半夜；也明明清楚，夏天下河游泳危险重重，但还是禁不住诱惑，贪图一时的凉爽和快乐。

脑前额叶尚在发育的青少年，就像一辆还没有安装刹车的法拉利，充满无限可能，但是缺乏判断和远见，缺乏自控和节制。所以，面对青少年的"可笑""无知""冲动"和"无理取闹"，我们要理性看待，要理解他们的局限性，多加引导。

乖孩子不能说的秘密

星期天的早上,大儿子在洗漱间,小儿子刚刚起床。我在给小儿子一个甜蜜的"早安"问候之后,大儿子陷入了沉默,接下来的一个早上都不理我们。虽然我们多次主动跟他示好,但是留给我们的只有一个冷冷的背影……

一个高中学生,每次老师问他作业什么时候交,孩子的态度都好得不得了,但是从来都看不到作业在哪里。老师再一次催促,孩子的态度仍旧特别好:"谢谢老师关心哦!我昨天忘记了!明天就交!"可是,明日复明日,明日何其多……

一个公司员工,老板在微信上安排了一件加急的事情,命令式的语气让她无法忍受,但是又不能直接表现出来,所以就故意不回消息,晾几个小时。直到老板打来电话,她才赶忙道歉:"不好意思啊,刚刚在忙,没有看到消息……"

这些,都是身边的真实故事。

不知道在您的身边是否有这种人:

他们好像总是很无害、很顺从、很配合,但言行之中却总让你不舒服,隐藏了一种说不出来的攻击性。每次和他们交流完之后,你都觉得沮丧又懊恼,心里恼怒,但是又找不到生气的理由。对方有时候还会异常平静、无辜地问你:"怎么啦?"让你就像一拳头打进棉花里一样憋屈。

这种现象有一个名字,叫作"被动攻击"(英文:Passive Aggression)。譬如,我们指导过的一位高中生,正处于青春叛逆期,作业迟交,故意缺课,明明老师有答疑却有问题不找老师及时解决,而对于家长和老师提出的改进方案,表面上答应得好好的,落实起来非常拖拉。后来根据他的症状分析,就是典型的"被动攻击"。

您可以试着做两个实验:

第一个,在商场或者餐厅、电梯口,任何地方,拉开一扇门,保持住15秒,你会发现距离你一段距离的陌生人纷纷加快速度通过大门。你的举动看似是被动的,但是你却秘密地操控了他们的行为。

第二个,收到朋友的微信,三天不回,你的"不作为"一定会让对方抓狂。看吧,什么都不做,也可以"攻击"到别人。

为什么我们会关注这个话题?因为接触的青少年多了,发现现在的孩子都是发动"被动攻击"的隐形高手啊!面对家长的权威,主动反抗成本太高了,表面一套,背后一套,很容易蒙混过关。

我工作的私立学校,师生比1∶6,老师们对每个孩子都了如指掌。每次开会,老师都会交流孩子的近况。面对孩子的各种问题,校长总是会若有深思地总结:"被动攻击!被动攻击!典型的被动攻击啊!"

"被动攻击"的表现

否认。不愿意承认自己行为导致的结果,一味责怪他人、寻找借口。"这个事情我完全不知情。""我明明发给老师了,但是老师说没有收到!"在他们口中,他们永远是受害者。

或者面对别人的请求,"无意"地"忽视",选择性遗忘。"不好意思,我忘啦!下次一定记得!"

有时候故意拖延,寻找各种借口:"我这周好忙啊!事情太多做不完。"

甚至他们口头上答应,行为上拖延。比如:"我看完电视后就打扫房间。""谢谢你提醒我收拾垃圾,但是我还没有吃完,吃完我就收拾。"然后,就没有了然后……

有的孩子从来都不生气,克制能力强。曾经看到一个孩子,面对父母的打骂和责问,竟然能笑脸相迎。父母说:"孩子性格一向很好!他能忍!"孩子也说:"我感觉很好,没关系!"但是,我们总觉得哪里不对劲。

我自己的孩子,"被动攻击"的表现是故意做不好事情。我记得有一次逼着大儿子练钢琴,有个音符,他每次都弹错。我当时简直要疯了,但是孩子很镇定地望着我:"妈妈,我这次弹对了吗?"从他狡猾的眼神里,我读到了我的绝望,因为他根本就知道正确的弹法,但就是故意出错。

有的青少年直接冷战,不接电话、不回短信,拒绝交流,在折磨自己的同时,也在让父母着急。我的一个学生告诉我说:这一招对付爸妈是很管用的!只要三天不理他们,他们就会示弱求饶,然后什么问题都会自动消失。

上面的这些情况,你熟悉吗?了解这些以后,我们突然感觉,儿子们有时候冲我们发脾气,直接表达他们的不满,其实值得庆幸!

很多时候,我们就是这样彼此伤害,都很生气,却解决不了问题。被攻击的一方,虽然心里清楚,但是找不到发泄口,只能生闷气。有时候甚至形成恶性循环:遇到压力性事件(例如,感觉被不公平对待)→产生情绪(但选择隐藏愤怒)→相应的行为表现(通过被动攻击,发泄愤怒)→导致他人负面反应(变得愤怒)→关系变差,压力性事件再次出现……

那怎么打破这个恶性循环呢?我们觉得有三点:

(1) 觉察"被动攻击"的存在

我们在指导两个美高学生的时候,就直接指出来他们的行为是"被动攻击"。之所以这个现象有个名字,是因为这是普遍现象,而且是正常现象。最后他们才恍然大悟,原来心里那股一直说不清楚、说不出来的难受,是有缘由的。

(2) 直说"被动攻击"的后果

被动攻击的人不知道他们的行为是在破坏一段亲密的关系。

比如,我们跟学生说,当你不回老师邮件的时候,老师有可能想到的是:这个学生不喜欢我?这个学生没有回邮件的习惯?这个学生把我说的话当耳边风?这个学生不喜欢交流?

无论你接下来如何解释:"对不起我忘记了!""我家网络断啦!"什么样的理由都没有办法抹掉别人的负面感受和印象,对未来的交往也会留下隐患。想象一下,一个长期"忘事情""做不好""拖后腿""没回应"的朋友,你还愿意继续感情投资吗?

（3）敢于尝试沟通

当我们可以真诚地和别人表露自己的感受时，不仅不会损害关系，反而会增进感情。

我们经常用这些句式跟孩子沟通：

- 当你…… 我感觉到……

比如："当你不跟我说话的时候，我感觉到被你忽略，也感觉到我们的疏远。"

- 我观察到……

比如："我观察到每一次我要你洗碗，你都会说：待会儿我再做。当你没有做的时候，我感觉你在忽略我的请求。"

每段感情和关系，都有属于自己的沟通方式。不管是通过什么方式，主动沟通意味着：我还在乎你，我还关注你，我还想保有我们的这份感情。

有一次，大儿子的同学来家里玩。午餐时，我看到孩子的同学狼吞虎咽不挑食，就评论说："子曰吃饭就很挑，不爱吃肉，所以他很瘦。"结果，下午送走孩子同学以后就收到孩子的一封信：

"妈妈，你为什么要当着我同学的面，说我不吃肉，身体很瘦呢？首先，这是我的个人饮食爱好，请不要在外人面前评价我的饮食爱好。李小龙也很瘦啊，但是他一点都不弱。其次，我不是不吃肉，我昨天中午才吃了鸡肉，所以你说的并不符合事实。第三，我的美术老师是个素食主义者，你就可以接受。所以不要选择性地接受别人，却不接受你自己的儿子好吗？"

我看完信以后也给他写了回信，表达了歉意，并且称赞他敢于沟通，表达得也有理有据。

英国浪漫主义诗人威廉·布莱克,曾写过这样一首小诗:

我对朋友充满愤怒,说出了愤怒,愤怒便戛然而止;
我对敌人充满愤怒,但未曾表述,结果愤怒却越来越多。

我们觉得"没有敌意的坚决,不含诱惑的深情"是最好的应对被动攻击的办法。我们对孩子的情绪合理回应,抱着理解和关怀的态度,终会收获孩子的信任。

高明的谈判艺术

以前,我先生程毅是这样跟儿子说话的:

儿子:爸爸,我不想再打篮球了。我讨厌打篮球。
爸爸:你怎么这么冲动?不能随便退出。当初是你自己选的!
儿子:我现在后悔啦!我恨死打球了!
爸爸:你这孩子,变来变去,莫名其妙!

现在,程毅和儿子的对话画风是这样的:

儿子:爸爸,我不想再打篮球了。我讨厌打篮球。
爸爸:你讨厌打篮球?(赶忙放下手机,语气好奇、充满关爱)

儿子：是的！今天的比赛糟透了。

爸爸：今天的比赛很糟糕吗？

儿子：是啊。

爸爸：（沉默了一小会儿，关切地看着儿子）

儿子：有一个关键的球，我没有投中，结果我们输了比赛，好几个人都怪我。

爸爸：他们怪你？听上去你很委屈的样子。

儿子：是啊！我难受死啦！但是我确实今天打得不好。我平常还是打得不错的。

爸爸：所以你说你不喜欢打篮球了，因为今天很不顺利，而且队友责怪你了。

儿子：没错。其实我真的想成为一名更好的篮球运动员，可他们看不到我的努力。

爸爸：也许，我们可以一起想想办法。

为什么爸爸前后会判若两人，跟儿子的沟通效果也是完全不一样？因为我们学习了谈判艺术。懂得套路的爸爸就是不一样啊。

我们每天在跟孩子打交道，时时刻刻都在谈判。

"七点出门，请你们在七点之前做好准备。"

"做完作业以后，才可以看电视！"

"有话好好说，不要打架！"

"把这个鸡蛋吃了。"

有的时候,我们很成功,能说服孩子做我们想要他们做的事情;大部分时候,我们觉得异常艰难。孩子要么问:"我为什么要这么做?"要么双手叉腰,十分挑衅地说:"不做又怎样?"

我一个喜欢太极的朋友说,学习亲子沟通技巧的过程,本身就像是学一套太极功夫:似松非松,将展未展,气定神闲,运筹帷幄。

接下来的六招,教大家在亲子谈判当中,能掌握主动、获得先机!

- 共情
- 重复关键词
- 降低音量&放慢速度
- 给情绪贴上标签
- 巧用"怎么做"
- 请说服爸爸妈妈

第一招: 共情。

试着从孩子的角度看世界,来理解他们的感受,致力于找出"那些感受背后的故事"。父母只负责在那一刻试图理解孩子的观点,尝试理解孩子的情感,就能得到孩子的信任。有了信任,才能影响孩子的行为。

《十招练出领导力》的作者金妮·怀特洛指出,共情不意味着示弱。在大多数情况下,共情比暴力更有效,可以强化而不是削弱亲子关系。

第二招: 重复关键词。

用一种好奇和善意的语气,重复孩子说的最后几个词或者对方话里最重要的词。

比如：

孩子说："我不想打篮球了。"

你回答："你不想打篮球了？"

孩子说："妈妈，我不要游泳。"

你重复："哦，你不要游泳。"

重复孩子说过的话，证明你感兴趣倾听，并给他讲述的机会。如果孩子说一些新的东西，你可以多次使用这种技巧。如果你说了以后，他什么也不说了，建议你即使是尴尬沉默，也要等到孩子再次开口。

这一招看似被动，但是充满掌控力。我们在气得跳脚、感觉事态失控的时候，就会提醒自己重复孩子的话，能让我们马上夺取主动权。于是，深呼吸三下，开始认真倾听他们要说的话，然后重复听到的关键信息。神奇的是，通常当我们开始重复关键词的时候，孩子的声音开始变小，情绪开始平稳，我们自己也更加平静，能清晰地思考和回答孩子提出的问题了。

第三招：降低音量、放慢速度。

当孩子做出一个糟糕的决定，或者跟你吵起来的时候，我们很难保持冷静。但只要家长的声音柔和下来、音调降低、语速减慢，再带一点点微笑，情绪就得到了控制，避免战争的升级。

当大家的情绪都上来了，在嘶吼当中，我们往往忘记了解决问题，而只是一味地发泄情绪，发泄不满，甚至有时候越说越气，话也越说越难听。到最后，沟通变成了吵架。所以，在失控之时，父母只能告诫自己，跟孩子相比，我们是有"大脑前额叶"的，必须要控制自己，才能让孩子也平静下来。

如果能边说边微笑，效果会更好。音量的降低和语速的减慢，真的能让情绪更加平稳。

第四招： 给情绪贴上标签。

情绪有了名字以后，就变得没有那么陌生，也变得易于管理。我们相信，如果能谈论情绪，就能处理情绪。

可以用这些句型：

"听起来你很委屈。"

"你哥哥取笑你，你似乎很生气。"

"听起来你在害怕，不知道接下来会发生什么。"

"看起来你很着急，想快点尝试新的东西。"

说话之后，给孩子时间来回应，验证一下是否准确。

不能以"我"开头。"我"是一个以自我为中心的词，会让孩子本能地提高警惕。

看看这两句话有区别吗：

"我觉得你很胆小。"

"听上去你似乎很害怕。"

你觉得孩子更容易接受哪种方式？

第五招： 巧用"怎么做"，邀请孩子一起解决问题。

很多家长喜欢开口就问为什么。比如："你为什么数学考试不及格？""你为什么迟到？""上课为什么不听讲？""为什么"像颗子弹一样，让孩子充满了防御和攻击性。

换一种方式，比如："数学怎么才可以学得更好？""上课的时候发生了什么事?""你怎么做才能按时上学?"这样提问更有可能得到真正的答案和孩子的真心想法。

刚满十岁的大儿子,看到有的同学买了手机,就很想拥有自己的手机。我们想,与其苦口婆心地告诉他手机会如何让他分心,不如把这个问题抛给孩子:

"你觉得怎么做,你才可以拥有自己的手机?"

"爸爸妈妈怎么才能相信你手机不会影响你的生活和学习?"

这么一来,孩子得想办法寻找答案,成为主动解决问题的人。

第六招: 请说服爸爸妈妈。

很多时候,我们都在说服孩子要做什么,或者不要做什么。其实把球抛给孩子,让他们来说服我们,很多问题就更容易解决了。

朋友的女儿14岁了,特别有自己的想法。有一天,她突然提出来想周末去好友家过夜。青春期孩子的父母,自然有很多的担忧。但是女儿的性格很倔强,一旦决定很难改变想法。于是他们把问题交给女儿解决:"与其我说服你为什么不要去,不如你来说服我为什么要去吧?"

女儿绞尽脑汁,罗列出了十几条理由。每一条爸爸妈妈都认真倾听和做笔记,同时,重复听到的关键信息,也适时地提问,引发女儿更全面地思考。听了一个多小时的理由之后,爸爸妈妈说:"我们知道,如果不让你去,你会觉得整个人生都被毁了,也会觉得我们是世界上最不通情理的爸爸妈妈。听完你的理由,感觉你的确是做了很多认真的思考,也很全面地分析了整个事情。现在,我们把决定权交给你,聊完这么多以后,你是否觉得去朋友家是最必要和最安全的事情?"

其实，在谈话间，女孩已经发现了自己很多的逻辑漏洞，比如她觉得如果不去，就是不给朋友面子，就会失去朋友。可是回头想想，如果真的因为没有参加周末活动，朋友从此就不再理她了，这种朋友还值得交吗？

最后，女孩自己做决定，觉得还是不去为好，因为未来还有很多机会。谈话最后，爸爸妈妈真心夸赞女儿的慎重和深思。

"你来说服我"在我们家屡试不爽。很多次，孩子想放弃钢琴或者游泳，在说服爸爸妈妈的过程中，反而把自己给说服了。后来，孩子一听到"你来说服我吧"就会狡猾地冲我们挤挤眼睛："我知道，爸爸妈妈又在给我设置陷阱了！"

孩子终归会长大，终归要自己做决定，与其我们说服他们做这做那，不如让他们来说服我们。

以上六招，适用于低龄的孩子，也适用于青春期的孩子。让我们跟孩子沟通更加平和、有效，关系也更加亲近。

思维工具：六招沟通法

给自己的六个沟通能力打个分（1 是最低分，10 是最高分，请圈出适合自己的分数）

1. 能跟孩子共情，理解和包容孩子的不同情绪：

1　2　3　4　5　6　7　8　9　10

2. 知道重复听到的关键词:

1 2 3 4 5 6 7 8 9 10

3. 能在沟通时降低音量、放慢速度:

1 2 3 4 5 6 7 8 9 10

4. 知道给不同的情绪贴标签:

1 2 3 4 5 6 7 8 9 10

5. 知道巧用"怎么做":

1 2 3 4 5 6 7 8 9 10

6. 让孩子说服自己,而非自己说服孩子:

1 2 3 4 5 6 7 8 9 10

您各项合起来的总分是:_____

您期望自己经过刻意练习,能达到的总分是:_____

您想尝试做的第一个改变是:

给孩子写信

不知在哪里见到过这句话:"亲子沟通的关键是要十句赞美才能说一句批评。"虽然觉得这句话有些夸张,但道理我同意。只是,"爱你在心口难开",口头赞美孩子还真不容易。所以,我想到了写信。

网络越来越发达,书信越来越少,也越来越珍贵。我们一直鼓励家长给孩子写信,虽然大多是家长里短,看似寻常,却充满关爱和期许。

从孩子上小学开始,我们开始定期给孩子写家书。哪怕生活在同一屋檐下,天天见面,总有些话不好说出口。特别在我们都很生气的时候,与其吵吵嚷嚷,不如各自回房间好好给对方写封信。

在这里,我们对于家书有如下一些建议:

第一,尽可能要从爱和感恩开始。无论心里藏着多少不满和唠叨,一定要先告诉孩子自己的爱。中国家长不一定总是把爱挂在嘴边。西方的家长喜欢夸张地说:"宝贝,你不知道妈妈多么爱你!""宝贝,做你的爸爸,是我一生最最幸福的事情。""宝贝,世界上没有文字能描述我对你的爱。感恩你来到我的生命里。"刚开始,我们也不好意思开口说,总觉得太肉麻,因为我们自己的父母都从来没有说过这些话。但是,既然孩子需要听到爸爸妈妈说这些温馨的话,我们就强迫自己学习吧。

后来发现,孩子很快学会了我们说话的口吻,他们也会回应说:"妈妈、爸爸,我们太爱你们了! 爸爸妈妈,谢谢你们!"这种甜蜜让我们觉得幸福,所以渐渐也就习惯了把"我爱你""谢谢你"挂在嘴边了。如果实在说不出来，那就在家信里写出来吧，用文字说"爱你"会容易很多。

第二，可以在家书里陈述看到的事实，特别是孩子做得好的地方。我们会经常告诉孩子他们对彼此的友善，对周围人的关爱等。久而久之，我们发现，他们会更愿意重复爸爸妈妈提过的事情。

第三，可以告诉孩子你跟他们在一起最幸福的瞬间。比如，一次谈话，一起看过的比赛，一次家庭旅行，收到的一个孩子送的礼物等，这些美好的瞬间会成为你们之间永远的回忆。

第四，对孩子的成长期望。与其给孩子提要求，不如智慧地表达你的愿景和梦想。从积极的方面，畅想孩子的未来，孩子给你的信心，或者孩子说过的让你充满希望的话。也可以通过讲故事的形式，把道理巧妙蕴含其中。

第五，给孩子爱的承诺，比如，你可以说："无论发生什么，你都是我们最爱的孩子。""我们承诺不断改变自己，学会倾听，学会理解你、包容你。""在你需要的时候，爸爸妈妈永远都站在你的身后。"

简而言之，一封好的家书一定要有"我爱你＋我感恩你＋我欣赏你＋我希望跟你有美好的亲子关系"等。有了这些因素，再加上其他的对孩子的嘱咐和教诲，孩子会更容易接受。

如果你实在不知道怎么动笔，下面这些准备会有所帮助。

翻翻孩子的旧照片以及家庭相册，想想跟孩子在一起最难忘、最开心的时候是什么时候？为什么？孩子给你的生活带来了什么？回想幸福的往事，会有很多素材。也可以想一想：孩子最喜欢什么？什么对他们生活的影响最大？孩子的哪些兴趣展示了他们的特点？

另外，找到一个中心主题有助于构思信的内容，给孩子的感受也会非常独特。我们有个朋友给女儿们写信时,她会用女儿最喜欢的东西作为比喻。比如女儿喜欢读书,她就写道"爱是一个故事";后来她选择了"爱是一种舞蹈",因为女儿喜欢芭蕾舞。还有一次,她说"爱是一只蜂鸟",因为女儿喜欢鸟类。她还用过"爱是踢足球""爱是洋娃娃"。她通过这些比喻,让孩子觉得妈妈的爱很自然。

我们还可以想想,自己希望从自己父母那里听到什么认可和鼓励的话。站在另外一个角度,我们会更理解孩子的心境,也会更体谅他们的不易。这样的信会更加打动人心。

一个朋友的儿子十六岁了,周末沉迷打游戏。与其责怪孩子,引发家庭大战,不如巧妙留个条,既表达了关心和提醒,又邀请孩子一起做饭,创造共处机会。孩子看到纸条以后不久,停下手中的游戏,给妈妈做了一个汉堡包,然后对妈妈说:"我其实更喜欢吃馒头呢。"

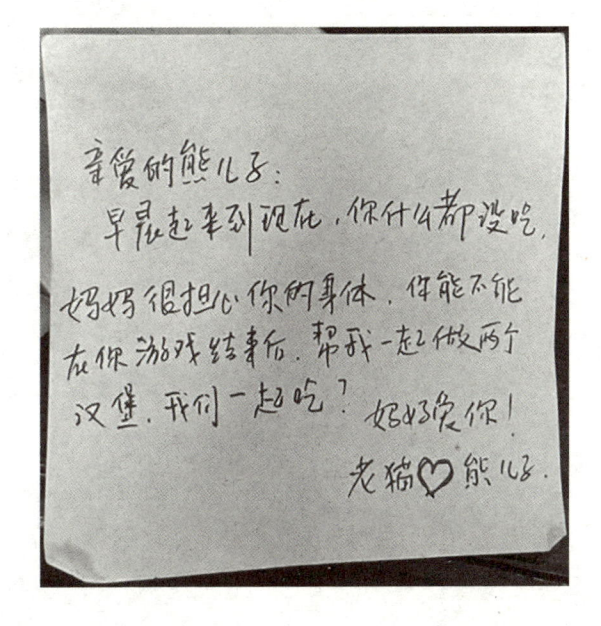

> 亲爱的熊儿子:
> 　　早晨起来到现在,你什么都没吃,妈妈很担心你的身体。你能不能在你游戏结束后,帮我一起做两个汉堡,我们一起吃?妈妈爱你!
> 　　　　　　　　　　老猫♡熊儿子

第八章
情绪这个怪兽

　　暑假的某个早上 9 点，儿子没有拿起心爱的漫画书，反而抱着一个枕头发呆。正当我纳闷的时候，他开始默不作声地挪动客厅的家具，一件一件，直到腾出来一大片空旷的地方。然后他跑过来问我："家里还有多余的小毯子吗？"我有点不耐烦："没有小毯子。要做什么呀？"大儿子莫名其妙地问了一句："我什么时候有自己的房间啊？"

　　接下来，他开始布置自己的客厅角落。刚开始我没怎么在意，因为他和弟弟经常会把沙发挪开，在后面筑起自己的堡垒，这是他们的一种游戏方式。但是这次有点过分，他不仅把家具挪动了，而且把书和衣服堆得到处都是。我有点生气了，喊道："你这一大早起来，搞什么破坏呢？"

　　大儿子没有说话，不一会儿，他开始哭。刚开始还只是小声地啜泣，后来干脆把头埋在枕头底下,大声哭起来。循着哭声,我看到他倔强地蹬着腿,好像很痛苦。我隐隐感觉到不对劲,就搂着他温柔地问:"我们可以聊一聊吗?"

大儿子和我靠在一起静静坐着。终于,他轻声细语地说:"妈妈,我开学就是中学生了,我今天突然很害怕。中学生穿的校服不一样,学的功课也不一样,我不知道自己能不能适应……"到这时,我终于明白了他反常的原因,不是因为早上弟弟抢了他的面包,也不是因为苦恼没有自己的房间,而是突然之间他觉得害怕,因为过了暑假,他就是初中生了!他有些茫然和困惑,也突然感觉压力很大。难怪昨晚睡觉前要我给他买一套西装,因为他觉得中学生要穿得更"稳重、成熟"一些。

刚处理完大儿子的情绪,中饭以后小儿子又遇到了一件事。

在暑假期间,孩子们要一周三次练习壁球。他们才学两三个月,所以大部分时候接不到球,但是暑假的集中训练让他们进步很快。老师为了激励孩子,告诉他们,如果能连续接到五个球,就会奖励一支棒棒糖。年级大一点的哥哥身体灵活度高一些,很快实现了目标,而弟弟尽管很认真,但是只接住了两个。老师履行诺言,马上给哥哥发了棒棒糖,弟弟则遗憾地站在旁边看着。疼爱弟弟的哥哥,多拿了一根,偷偷塞给弟弟,但是弟弟气呼呼地把棒棒糖摔在地上。

对于老师的这种激励方式,我不好多做评论。此时,弟弟已经泣不成声,老师见状,把棒棒糖捡起来哄他。弟弟拿着糖接着哭,不退回去,也不打算吃。

回到家里以后,等弟弟的情绪平稳了,我郑重地告诉弟弟:"看上去你今天很委屈,感觉你的付出没有得到肯定。首先,你的努力我们都看得到,你的付出应该被肯定。另外,你觉得你值得肯定,可以自己给自己肯定,不一定要别人的表扬。如果你觉得你应该得到棒棒糖,糖果在这里,你自己决定吧。"然后,我们离开了。

我一边假装做饭,一边偷偷观察弟弟。只见他低着头想了一会儿,然后拿起棒棒糖端详,最后用嘴舔了舔糖纸,不一会,就把整颗糖塞进了嘴里。

吃完糖以后,他明显心情好多了,跑过来抱着我说:"妈妈,我会继续加油,好好练球!"

一天连着两个事情,让我陷入了沉思。我也不知道自己的处理方式是否得当,但是敏锐感知他们的情绪,接纳情绪,指出他们的困扰,并坦诚交流,让我更加了解了孩子的内心。

什么是事实? 什么是观点?

是不是很多时候,孩子刚刚出现一些问题,我们就迫不及待地跳出来给孩子提供一大堆的说教,有时候甚至是人身攻击和道德评判? 但是,这样做的效果很差,不仅闹得彼此不愉快,甚至造成孩子逆反,做出极端的事情。其实,我们可以借助一些孩子犯错的契机,带领孩子进行思考和分析,培养和训练孩子的逻辑思维能力,让孩子自己找到解决问题的方法,做到"授人以渔"。

大儿子对画画很有信心,但是有天上完美术课,他嘟着小嘴老大不高兴。为什么呢? 美术老师把他的一幅作品评价了一番,让他觉得自己受了委屈。我不清楚老师说了什么,但正好给了我们一个讨论的机会。

我问大儿子:"我们把老师说的话全部写下来好吗?"他想了想,答应了。

于是，我拿出便利贴，跟他一起在每张便利贴上记下他能回忆起的老师说的话。比如"这里涂色多了些""这条龙可以放在中间一点位置吧"。所有的评语总结完之后，我们把便利贴进行了一个分类，看看哪些是事实，哪些是观点。当然从大儿子的角度看，事实不多，观点很多。没有关系！我们进行了第二步，哪些是"对事"，也就是评价他的画而已，哪些是"对人"，也就是针对他个人的评价。其实分析下来，孩子自己也发现，大部分评语是老师的个人观点，也只是就事论事而已。讨论完以后，大儿子的心结也打开了，继续开开心心去画画了。

我在长沙念大学的时候，很喜欢逛岳麓书院。书院中有副对联的上联写道：是非审之于己，毁誉听之于人，得失安之于数。这句话中所表达的态度很让我欣赏，我也分享给了孩子们。对联中这句话的意思是：在做一些事情的时候，事情的对错，自己的内心要有所衡量；在做了这些事情之后，如果被赞扬或者是被诋毁，就随别人去说，不管成功还是失败是命中注定的，要坦然接受。分清哪些是事实，哪些是别人的观点，对于我们为人处世，很有指导意义。

思维工具：事实和观点

可以用一个简单的图表帮助孩子理清什么是事实，什么是个人观点。

哪些是事实？	哪些只是个人观点？

哪些是对事？	哪些是对人？

"安全岛"

大儿子天生对数学缺乏热情和兴趣,很简单的加减乘除,在他那里一定出现粗心错误;另外,我们觉得他的数理逻辑也是别有"特色",通常不按常理理解,也不按常规出牌。有时候,大儿子嚷嚷要我们辅导数学的时候,是勇敢的爸爸先上阵,气鼓鼓地离开以后,我再上,也气呼呼地冲出房门以后,好心的奶奶会冲向前,直到也气得不行为止。所谓是,不辅导数学,母慈子孝;一辅导数学,家里鸡飞狗跳!

通常,当我压力爆表的时候,穿上跑鞋出去转一圈,能平复心情。瑜伽和柔和的音乐也可以让我放松不少。但是孩子的情绪,安抚起来则没有那么容易。

我们有个艺术家朋友,在家里隔了一个小隔间,作为她的"冥想空间"。她每次心烦意乱的时候,就会换上宽松的衣服,走进属于自己的空间。点上一支喜欢的香薰蜡烛,放上轻音乐,然后做几次深呼吸。每次心情凌乱的时候,她就会躲进她的小隔间;等收拾好心情,又有了勇气面对生活中的鸡飞狗跳。

有一次我们参观一个小学,伴随着轻音乐,我们走进了一间布置精致的教室。在不大的教室空间里,老师布置得十分用心。我注意到墙角有张桌子,上面放着孩子们做的乐高作品。老师把桌布掀起,里面是一个别致的小空间。地上有柔软的靠垫和两三个抱枕,还有毛绒玩具和橡皮泥这些玩具。老师说:"当孩子遇到什么烦心事的时候,就可以钻到这个桌子底下,给自己几分钟的时间冷静。我放了一些笔和纸,孩子可以写下他们的烦恼或者心愿。同时,也放有一些小贴士,比如如何深呼吸,如何双手交叉地拥抱自己,让他们平复心情。这个地方被称为'安全岛'。"

美国教室常见的"安全岛",孩子们可以在这里调整情绪

的确,如何随时收拾一下心情,是门技术活。受这位朋友和老师的影响,我们也决定在家里设置一个"安全岛",成为孩子舒缓压力的角落。

如果您也想布置一个"安全岛"给孩子,您可以考虑准备这些东西。

一个舒服的靠枕和小绒毯。有时候,我们真的只是想找一个地方靠一下,闭上眼睛休息一下,一下子就能补充很多能量。

减压球。网上有不同颜色和形状的减压球。我买了一种小球,刚好可以握在手里,用力捏的时候,会感觉到弹性和压力。心理学家认为,焦虑和压力会让我们的肌肉紧张或者僵化,捏一捏球会让我们的肌肉重新活动起来,注意力也会转移到小球上。当然,捏捏小球还可以刺激手部的穴位,改善血液循环,这样也能起到保健甚至锻炼的作用。

相册。人的记忆是有选择性的。通常我们记住的是美好的时刻，相机记录下来的也是欢乐的瞬间。翻看一本充满温馨回忆的相册，能一下子调动我们的积极情绪，回想曾经的美好，获得新的力量。

各种橡皮泥。有一次开会，我们每个参会的人手上都发了一盒橡皮泥。刚开始我们还觉得有点幼稚，后来才感觉到会议组织者的良苦用心。当我们手头有橡皮泥捏一捏的时候，很少会去掏手机看短信，这样反而注意力更加集中。会议当中也穿插了小环节，让大家把抽象的概念用橡皮泥捏出来，加强了大家的参与和理解。更重要的是，哪怕就是随便捏捏，触觉也带动了思考，让我们整场会议都充满灵感，收获很大。所以，有机会静下来用橡皮泥捏一捏东西，能让我们的心情得到放松。

毛绒玩具。孩子小时候总是要抱着毛绒玩具才能睡着。把他们喜欢的毛绒玩具放在"安全岛"，无论是抱着玩具哭一场，还是寻求温暖和安慰，都能起到很好的效果。

笔和纸。孩子的情绪能通过画画或者写信的方式得到宣泄；同时，也让他们有机会学会用语言或者图画的形式来表达。我放了粉红色的纸用来写感恩的话，还有蓝色的纸用来写投诉，这样他们既可以清楚表明自己的不满，也可以想想值得感恩的地方。孩子可以选择交给相关的人看，或者保密，只是写给自己看而已。

一些轻松的笑话书、漫画书或者小说。读书能让孩子马上进入另外一种心境。在等待心情平复的时候，拿起一本书，是最好的走出心情阴霾的办法。

一些充满"心灵鸡汤"的卡片。平日我们收集了一些励志的或者治愈性的名人名言。这些卡片在关键时候能给人以新的灵感和力量。

当然,一定要请孩子一起来布置这个特别的角落,他们可以决定还要放些什么。我们家大儿子在"安全岛"加了一盏小灯,因为他觉得暖暖的灯光能给他安慰。小儿子决定把一个智能机器人放在那里,因为机器人可以播放他最喜欢的歌曲。而我呢,放了自己最爱吃的零食,没有什么比零食更可以瞬间安慰我了。我的先生把自己的"斯巴达勇士"比赛奖章放在里面,提醒自己生活本就是一场远征,没有过不去的坎。

思维工具:"安全岛"

布置一个家庭的"安全岛",让家人有一个整理情绪的地方。

可以邀请孩子写一写、画一画,他们理想的"安全岛"是什么样子的:

吹灭四十根蜡烛

当面对突然而来的压力时,你的第一反应是什么?

北京某医院临床心理科的心理治疗师朋友告诉我们,她最近几年接触的学生当中,躯体化现象严重。"躯体化"是什么呢?就是人的情绪问题或者心理障碍没有以心理症状表现出来,而转换为各种躯体症状。比如,程毅压力大的时候,就会浑身长疹子;我压力大的时候,嗓子莫名其妙就嘶哑了。压力解除的时候,不用吃药,这些症状自然就好了。

朋友说现在这一病情呈现低龄化的趋势。这些心理疾病上的诊断,以前只在成人心理科比较常见,现在在儿童心理科比比皆是。的确,要教会孩子直面压力,确实不容易。

有一天,8岁的小儿子被送到校长办公室,原因是他在跟朋友抢玩具的时候,无法控制自己的愤怒,骂了脏话。我们接到小儿子的时候,很担心会受到一顿批评。结果,校长笑眯眯地把我们的他拉过来,问孩子:"跟爸爸妈妈说说,你今天学到了什么?"小儿子一本正经地说:"我今天学会了怎么控制自己的压力和愤怒。"我们很好奇是什么。小儿子自豪地边演示边说:"我深深地吸一口气,就像闻到妈妈新烤的蛋糕,我觉得好香啊,我想把所有的香味吸进去;然后呢,我就把气呼出来,就像我要吹灭 40 根蜡烛那样,呼……我就这样想'蛋糕—蜡烛—蛋糕—蜡烛',然后就不生气了。"我们搂着孩子的脖子,真为他自豪!我们很感激校长的睿智,与其抓着孩子批评一顿,不如教他如何正确解除压力。

在心理学上，拉扎鲁斯和福克曼在 20 世纪 80 年代就提出了压力应对理论。人们面对压力，比如亲人生病、考试失败、工作被炒鱿鱼，通常会有以下几种反应：

① 自我控制——试图控制情绪来应对压力。

② 直面压力——直面压力，并积极改变境况。

③ 社会支持——向他人倾诉，并寻求社会支持来帮助自己渡过困难时期。

④ 情绪疏远——对周遭发生的事情毫不关心，避免让痛苦情绪控制自己。

⑤ 逃跑和回避——否认糟糕状况的存在，逃避负面情绪。

⑥ 全盘接纳——采取无条件的自我接纳，来适应逆境。

⑦ 积极重新评价——在挣扎中寻找答案并得以成长。

⑧ 策略性问题解决——实施针对性策略，渡过危机，并根据情况进行相应调整。

举个例子，大儿子小时候有空就喜欢练习打字。打字程序的设置规则是：根据打字的速度和准确性，他会得到一定的分数和相应的晋级，就像玩游戏一样。但是，有一次他偏偏遇到了一篇特别难的，有很多字他都不认识。在一遍遍的晋级尝试中，他不断失败，脾气也随之开始越来越暴躁。刚开始，他尝试控制自己的情绪（第一种应对方式），并刷新界面，决定重新开始（第二种应对方式）。但是，他在一次次尝试失败后，情绪愈发焦躁。当我过来询问时，他否认自己的失败（第四种应对方式），并继续想办法改进（第七种应对方式）。当他第十次挑战晋级没有成功之后，他愤怒地关上电脑，跑到我的怀里崩溃大哭(第三种应对方式)。我搂着他,抚摸着他的头发,试图帮助他冷静下来。过了大约 5 分钟,他终于不哭了,擦擦眼泪,可怜巴巴地求我说:"要么,妈妈,我明天再试吧？我明天可能会过关。"(第七种应对方式)。第二天,我帮助他调整了一下座位高低,因为原来的凳子太矮了(第八种应对方式),不到几分钟,他就兴高采烈跑过来告诉我,他终于通关晋级了!

在学校做了这么多年的老师,我培养了感知孩子压力的敏感度。由于孩子们还缺乏经验和能力来应对压力,所以适当引导如何释放压力,对他们身心成长非常重要!

在家里,我们按照这个流程,给孩子来分析如何解压:

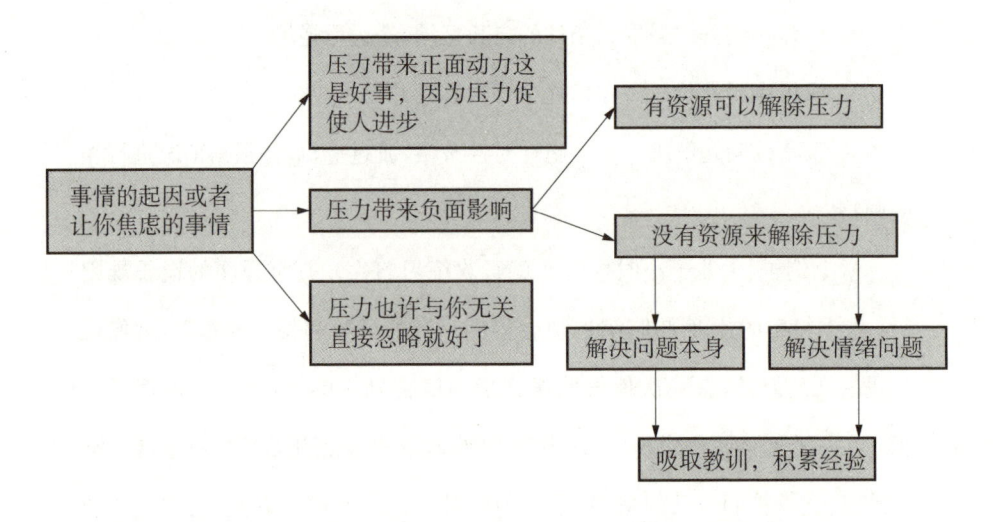

```
                          ┌─ 压力带来正面动力这
                          │  是好事，因为压力促      ┌─ 有资源可以解除压力
                          │  使人进步                │
事情的起因或者 ───────────┼─ 压力带来负面影响 ──────┤
让你焦虑的事情            │                          └─ 没有资源来解除压力
                          │                                    │         │
                          │                              解决问题本身  解决情绪问题
                          │                                    │         │
                          └─ 压力也许与你无关                   └────┬────┘
                             直接忽略就好了                          │
                                                              吸取教训，积累经验
```

有一次,大儿子在开学前的身体检查中,发现自己视力下降厉害。得知这个情况以后,他开始变得非常担心,总是问我:"妈妈,我看不清老师在黑板上写的字怎么办？"我们分析了一下视力检查结果意味着什么,他也开始

审视自己是否平日看书时间太长,没有注意休息,是否在车上看书影响视力,是否可以少玩电脑游戏。

后来,他自己通过查找资料,发现了一个"20—20"的好办法,也就是看20分钟书或者电脑,一定要有20分钟的眼睛休息时间,比如可以散步、运动等。当然,不久之后,我们预约了眼科医生,确定了他必须要佩戴眼镜了。他两手一摊,望着我调皮地说:"妈妈,你常说遇到问题,解决问题。我觉得戴眼镜就是不错的解决办法哦!"好吧,他戴眼镜以后,还增加了一些知性的帅气,也不再担心看不清楚黑板,也还不错吧。

一家三个眼镜男。戴上眼镜的孩子,很快就适应了自己的新形象

第九章
时间管理的博弈

2020年,一场全球的疫情让孩子们一夜之间开启了网课模式。从儿子们开始上网课的第一天,我们就隐隐觉得不妙。尽管孩子所在的学校是本地学术最严格、竞争最激烈的精英私立学校;尽管比起大多数不开网课,只扔给父母两袋子学习资料的学校,好歹这还算是没有中断学习;尽管学校的老师依旧坚持按照正常课堂时间实时上课,而不是事先录屏的网课,但凭借着我们的第六感,对于这犹如谎言一般幸福的网课时光,我们充满了怀疑,感到有一场硬仗要打。

这不,网课期间孩子俨然一夜之间从升级版的素质教育回到低幼版的快乐教育:早上睡到自然醒,8点15分第一堂课完美错过,9点第二堂课也错过;随便吃点早餐,开始第三堂,一边上网课一边偷偷刷视频、浏览购物网站；轮到小组讨论的环节，目的是召集几个同学等下一起打联网游戏。

在焦虑和苦闷之时，我们还要时不时忍受同校其他孩子的家长的完美碾压："哎呀，我家娃每天9点睡觉，早上7点左右起床，看会儿书或写点东西，然后出去跑步一个小时。作业从来不拖拉，从来不吵着玩手机，最多看个电影或教育片。家务活他负责洗衣服和剪草。跟父母关系很亲密，父母任何时候从外面回来就亲切打招呼……"

这别人家的自律娃、自推娃的完美，简直就是拉仇恨啊。

我们一边交着私立学校的天价学费，一边忙着在家上班和电话会议，一边用着不逊于宫斗剧中的小心机来监督孩子按时、专心上课和交作业。孩子倒是快乐了，我们可是一点儿都快乐不起来。时间管理已经到了不得不抓的时候。

程毅工作的高科技公司考虑到员工在家办公的幸福指数和工作效率，举行了一场关于亲子时间管理的学习讲座，我们赶紧报名参加。

什么是时间

"一寸光阴一寸金，寸金难买寸光阴。"

"时间就是金钱。"

"浪费时间就是浪费生命。"

这些都是我们从小听到大的教导，可是为什么对我们自己的孩子说这些，他们却是左耳朵进、右耳朵出呢？

讲座一开始，一张图就让我们忍俊不禁：

一位妈妈为了能在家里安静上班,把三个小娃用宽胶带牢牢地粘在地上,孩子们被动而无助,妈妈更是濒临崩溃。

讲座的主持人 G 教授打趣道:"如果你的孩子需要大捆胶布才能'控制'住,证明时间管理迫在眉睫了。"

接下来,G 教授提醒大家看看:"管得太紧,家长累孩子累,管得太松,心里这一关过不去。大家先看看您是哪种类型的家长呢?"

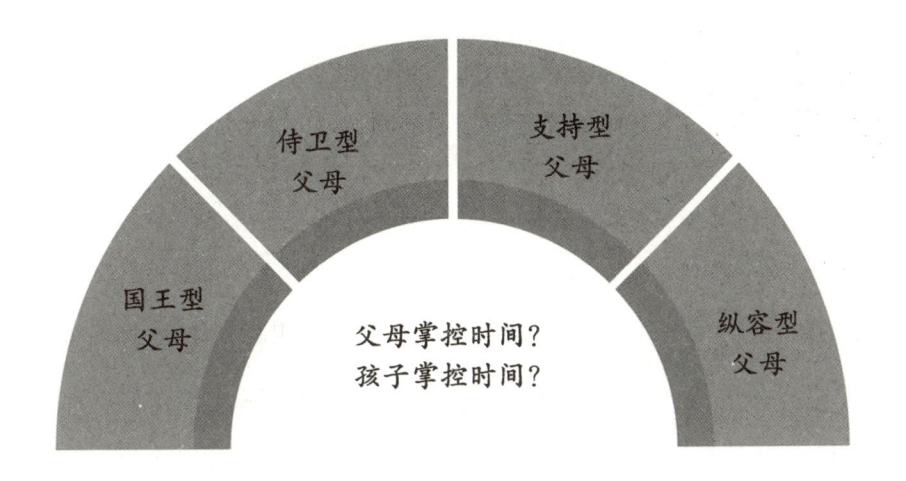

国王型父母:"没有我,孩子什么也做不了。我来决定孩子的所有时间分配。"

侍卫型父母:"我监管孩子的时间。孩子在规定的范围内有一定的自由。"

支持型父母:"主要由孩子做决定。孩子要做什么,我都尽量支持。"

纵容型父母:"我管不了,也不想管。"

> **思维工具：您是哪种类型的家长？**
>
> 看看上图，您是哪种类型的家长？
>
> _____
>
> _____
>
> _____
>
> _____
>
> _____

我和先生自省了一下，还真难说，有时候我们很纵容他们，比如自己着急开会的时候，巴不得他们拿着手机安安静静地玩；有时候我们非常严格，恨不得他们每一分钟都在学习；而心情好的时候，也会给他们一些自由。看来，如果我们大人视情况而定，孩子则更加会见缝插针找机会玩了。

需要孩子们理解"一寸光阴一寸金"的真理，可以先从了解什么是时间开始。G教授要大家先尝试三个办法：

第一个，尽量在每间房间都放一个时钟，孩子小的时候教他们认识时钟，要他们看着秒钟一点点走动，了解到时间流逝的概念。

先生想起以前带孩子过马路，要孩子看红灯倒计时，跟着倒计时来数数：10,9,8,7,6,5,4,3,2,1,可以走啦！看来这样做是对的！

第二个，比较预估时间和实际时间。家长可以跟孩子玩游戏：猜猜今天从家里到学校一共要花多长时间呢？妈妈做晚饭需要多少时间？你做完这套习题需要多少时间？孩子猜对了很有成就感，猜错了也没有关系，正好给孩子一个反思的机会："怎么样可以做快做好？""为什么需要这么长时间呢？"

第三个，学会分解时间。5分钟、10分钟、半小时、一个小时、一上午，原来时间是可以切换成很多小段的。

这让我想起大儿子在一年级的时候，老师有一个很好的方法，教孩子掌握时间 A 和时间 B 之间的时间量的概念，也就是两个事情之间有多少时间。老师是这么解释的：在纸的左边写一个开始时间，比如早上 07:30，在右边写一个结束时间，比如上午 09:02。然后，展示如何将时间分解为单位：从 07:30 到 08:30 的一个小时是一座山，老师会画一座山峰来代表一个小时；8:30 到 9:00 是一个小山包，老师画低一点的山丘来代表 30 分钟；9:00 到 9:02 是小石头，老师画两颗小小的石头来代表 2 分钟。把它们加起来，就可以"看到"时间了。这个游戏之所以对孩子有效，是因为孩子们喜欢通过听故事和看直观的图来理解看不见的概念，而山峰、山丘、小石头的大小与时间单位的长短有关。

孩子在学校掌握这个"时间"类似于"距离"的概念以后，我们尝试在家里也做了一个时间轴：

早上起床 — 数学学习 — 阅读训练 — 中午休息 — 下午画画 — 傍晚运动 — 晚上睡觉

这个简单的图让孩子对时间有了最基本的认知。

思维工具：时间预估

用下面的图表，培养孩子预估时间的能力。

活动/事件	孩子预估时间	实际使用时间	有没有偏差？为什么？

紧急重要，排一排

很多人可能听过这个关于时间管理智慧的故事。

一群商学院学生在听教授讲课。站在那些高智商高学历的学生前面，教授说："我们来个小实验吧。"他拿出一个瓶子放在桌上，随后，取出一些大大小小的石块，仔细地一块块放进玻璃瓶里，直到石块高出瓶口，再也放不下了。他问学生："你们觉得瓶子满了吗？"所有学生应道："满了。"但是教授反问道："真的吗？"接着，他伸手从桌下拿出一些很小的石子，倒了一些进去，敲击玻璃瓶壁，让小石子填满石块的间隙。"现在呢？"他第二次问道，但这一次学生有些明白了。"可能还没有。"一位学生应道。"很好！"教授说。他伸手从桌下拿出一杯沙子，开始慢慢倒进玻璃瓶，渐渐地，沙子填满了石块和砾石间的所有间隙。他又一次问学生："瓶子满了吗？""没满！"学生们大声说。他再一次说："很好。"然后他拿过一壶水倒进玻璃瓶直到水面与瓶口平齐。最后，教授抬头看着学生，问道："这个例子说明了什么？"有人回答说："无论你的时间表多么紧凑，如果你确实努力，你可以做更多的事。"而有的人看到了另外一个角度，回答："如果你不是先放大石块，那就再也没有机会把它放进瓶子里了。"

这个故事来自著名的《高效能人士的七个习惯》一书,说明"要事第一"的重要性。大石块、小石子、沙子、水,分别代表了我们生活当中不同的事情。先放什么,再放什么,也是时间管理的大智慧。

听课的其他爸妈也熟知这个故事,一位妈妈马上举手说:"生活中那么多事情,可以先进行 ABCD 级别分类,按照轻重缓急进行组合,确定先后顺序,做到不遗不漏。如 A 级别的'大石头'代表时间紧、具有一定的挑战性、非常重要的事情。如即将到来的考试必须多花时间进行准备。"

另外一位妈妈补充说:"可是,我自己最惧怕 A 级别的事情,觉得太复杂,要耗费太多的精力。我发现我孩子也一样,因为怕困难完不成,或者完成得不完美,而采取逃避的态度。看来我要反省一下自己!"

G 教授追问前面发言的妈妈:"那 B 级别呢?"

那位妈妈赶紧回答:"B 级别的'小石头'是很重要、但在时间上没有特别要求的事情。这一级别的事情,当前不需要马上交差,但又非做不可。B 级别的事情容易被人遗忘,在最后关键时刻演变成 A 级别事件。"

G 教授问:"举个例子?"

"比如孩子老师三周前布置的一个项目作业,要交的时候他只能哭鼻子了,因为他没有放在心上,也没有计划时间来完成。"

G 教授接着补充:"C 级别的'沙子',也就是时间上紧迫、但并不是很重要的、可以请别人代劳的事情,如取包裹,可以请朋友顺便帮忙。D 级别的'水',是时间上不紧迫也不是很重要的事情,有些可以请别人做;有的可以降低标准;有的必须要做则放在零碎时间中完成;没有益处的则会选择放弃。"

A级别：时间紧、具有一定的挑战性、非常重要的事情。

B级别：很重要、但在时间上没有特别要求。这一级别的事情当前不需要马上交差，但又非做不可，容易在不急的心理中被人遗忘。

C级别：时间上紧迫、但并不是很重要的、可以请别人代劳的事情。

D级别：时间上不紧迫也不是很重要的事情，有些可以请别人做；有的可以降低标准；有的必须要做则放在零碎时间中进行完成；有的对生活没有益处则建议选择放弃。

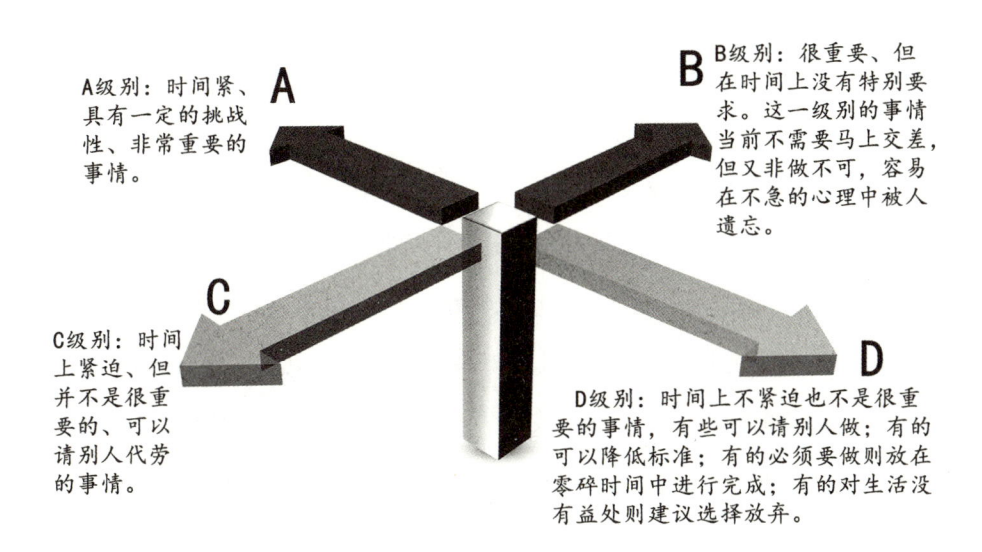

　　上面这个ABCD事情分类图，我贴在了孩子的卧室。平日，我会陪着孩子把日常事情全部列出来，然后进行ABCD的分类，看看如何进行轻重缓急的处理，这样不至于把大把的时间都花在"沙子"和"水"上面，没有了"大石头"和"小石头"的空间。

　　我跟孩子说，从处理顺序来说，先处理既紧迫又重要的，接着是重要但不紧迫的，再到紧迫但不重要的，最后才是既不紧迫也不重要的。但是，如果重要但不紧迫的事情得不到重视，很快就会变成重要又紧迫的。比如，我们家买新房子的时候，我们注意到了水管上有一条小小的裂缝。本来打算过一段时间再处理，结果我们搬进来不到一周，由于天气突然变冷，水管破裂，水漫地下室。望着眼前的狼狈，我们很后悔没有早点处理好。

时间都去哪儿了？

曾经，我们过了一段读书、带娃、工作三重模式的疯狂岁月。

大儿子出生的头两年，我当时还是全职学生，同时也有全职工作，日子过得特别忙。就连睡觉也要跟程毅规划好上半夜、下半夜怎么轮流照顾孩子，每天最多睡上四个小时。在最绝望的时候，我花了几天时间，详细记载了每天24小时的时间安排，很快发现了自己可以将统筹方法用得更好。比如，一边看着睡觉的娃娃，可以一边把学生的作业批改了；一边开车，可以一边听有声书，收集论文信息。就这样，一个高效女汉子慢慢炼成。

很多人不知道自己一天24小时是怎么度过的，或者，开始一个新的项目，或者承担一个新的角色，需要重新调整和适应的时候，不知道怎么安排时间更好。也有很多人，很想改进自己的生活，想发现自己最高效或者低效的时间段，从而调整和重新安排来提高效率。

管理学者彼得·德鲁克推出了一个简单有效的时间管理工具，那就是时间日志。我觉得很有用。

我开始教孩子详细记录，每天到底花了多少时间在做哪些事情上。比如，早上出门（包括洗漱、换衣、早餐等）花了多少时间，路上花了多少时间，做作业花了多少时间。把每天花的时间一一记录下来，就会清晰地发现时间到底去哪儿了，哪些时间段效率很高，浪费了哪些时间。这和记账是一个道理。

思维工具：时间日志

我们记录时间的目的是跟孩子有一个沟通的机会。一边记录一边跟孩子探讨：

- 你每天大概有多少时间在学习，多少时间在休息，多少时间在娱乐？
- 你每天学习注意力最集中的时候是什么时间？
- 你在进行什么活动的时候觉得时间过得很快，什么活动的时候时间过得很慢？
- 里面有哪些活动是自己安排的，哪些是家长和老师安排的？
- 怎么改进时间安排能提高学习效率？

日期和时间	完成事项	备注和反思

在跟孩子进行了 7 天的时间记账以后，我们终于把孩子的自由时间引导到了一个我们想要的平衡点：

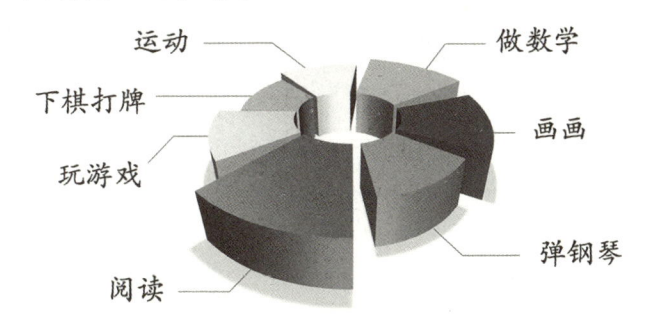

（饼图：运动、下棋打牌、玩游戏、阅读、弹钢琴、画画、做数学）

08:00-16:00 上学时间
22:00-07:00 睡觉
16:00-22:00 自由时间

我们告诉孩子：每个人一天 24 小时，正常上学上班的人，白天 8 小时是不可控的（因为是老师或者老板在帮你安排工作），还有 8 小时是不可控的（因为闭上眼睛睡觉了），剩下的 8 小时，每个人安排的方式不一样，这样也就决定了各自不同的机遇和命运。

思维工具：8 小时的自由时间

孩子每天 8 小时的自由时间一般在忙什么？可以怎么引导孩子更好地把握自由时间？

我自己每天 8 小时的自由时间一般在忙什么？我的自由时间可以怎么变得更加有价值？

第十章

没有目标，将会处处逆风

在英国威斯敏斯特大教堂后面，有一块看上去不起眼的无名墓碑，它上面的碑文震撼着每一个前来参观的人，因而在全世界被广为传诵，碑文的译文如下：

当我年轻的时候，我的想象漫无边际，我梦想改变这个世界；

当我成熟以后，我发现我不能够改变这个世界，我将目光缩短了一些，决定只改变我的国家；

当我步入暮年以后，我发现我不能够改变我的国家，我最后的愿望仅仅是改变我的家庭，然而，这似乎也不可能……

现在，我已经躺在床上，就在生命将要完结的时候，我突然意识到：

　　如果一开始我就首先改变自己，然后，作为一个榜样，我可能改变我的家庭；

　　在家人的帮助和鼓励下，我可能为国家做一些重要的事情；

　　然后谁知道呢？我甚至可能改变这个世界。

几乎每一个参观威斯敏斯特教堂的人，都会在这块石碑前驻足片刻。在这个世界上，多数人都生来平凡，而这段碑文给予了每一个平凡者启示和鼓励。

从简单的目标设置开始，一点点做更好的父母；或许，我们可以改变家庭，改变孩子。

请问你要去哪儿？

2008年，初到美国的我到纽约开一场学术会议。因为当时是个穷学生，所以跟朋友的朋友联系，希望能借宿几个晚上。

结果下飞机以后，我却发现写着地址的本子弄丢了，朋友的电话号码也在里面。坐上出租车的那一瞬间我懵了。

操着印度口音的司机回头问我："Miss, where are you going?（小姐，请问你要到哪儿去？）"

十分尴尬的我，只能请司机往曼哈顿方向开。在偌大的城市里兜了大半圈以后，司机不耐烦了，说道："Where should I stop?（我应该在哪停车？）"

我只能解释原因,用哀求的口吻问司机:"我不知道我要到哪儿去,你觉得呢?"

好在纽约的司机很厉害,问了一下我的会议酒店,就把我送到了酒店。无论是否住得起,我只能支付住店费用了。

在纽约开会的那几天,我一直在思考这件事情。弄丢朋友的住址和电话号码是我的错,但是在人生旅途,我是否知道自己要去哪里呢?

我在纽约迷路的故事,很像电影《爱丽丝漫游仙境》里一段有趣的插曲。主角爱丽丝在仙境森林里迷了路,遇到柴郡猫并向他求助。

爱丽丝问:"请问我该走哪条路?"

柴郡猫答:"那得看你想去哪里了。"

爱丽丝问:"去哪儿都没关系。"

柴郡猫答:"那你走哪条路又有什么关系呢?"

这段对话发人深省。当一个人没有明确目标的时候,自己不知道该怎么做,别人也无法帮忙!要天助先要自助,当自己没有清晰的目标方向的时候,别人说得再好也是别人的观点,不能转化成自己的有效行动。所以说,有意识地设定目标非常重要。

程毅决定跑马拉松减肥!他给孩子夸下海口,一年之内,爸爸要完成四个全程马拉松的目标!君子一言,驷马难追!两个儿子开始欣喜地看着爸爸迈出跑步的第一步。斯克兰顿大学有一项研究表明,只有8%的人能真正实现自己的决心目标,也就是说92%的人无法完成自己立下的目标。说实话,连我都惊讶于程毅付诸实践的能力,他竟然真的坚持了天天跑步,无论遇到什么情况,比如脚指甲脱落、大腿抽筋、膝盖疼痛,他都熬了过来。他从来没有要我和孩子们一起跑步,但是在他的影响下,一年之内我也完成了两个半程马拉松,孩子也完成了好几个9公里比赛。在费城的9公里比赛中,大儿子获得年龄组前三名,还受到了电视台采访。同时,程毅参加了"斯巴达勇士障碍赛",带着两个孩子上山下河,在汗水中体会什么是"有志者事竟成"。

宾州斯巴达中程赛
9英里+29个障碍

费城斯巴达短程赛
3英里+20个障碍

马里兰州野人赛
7英里+27个障碍

德州斯巴达长距赛
13英里+35个障碍

当白白胖胖的老公变成黑黑瘦瘦的肌肉男的时候,我觉得很不适应;但是对于他以身作则带领全家运动,我很欣赏。在收获健康的同时,我们也摸

索出了实现目标的途径。

如何成为 8% 的人？

第一步，制定一个详细的计划，展望未来，评估过去。

把决心写下来，然后制定一个详细的、可执行的计划，包括具体细节，就像很多公司的年度规划以及工作绩效考核一样。仔细推敲：自己的新年目标是什么？实现了吗？为什么实现了？或者为什么没有实现？看看在哪些方面做得好，哪些方面需要改进。

第二步，把达到目标的活动和计划写在日历上。

事实上，有了具体的计划，就应该安排出来，把所有事情都写进日历里。这是把目标感转化成执行力的非常重要的一步。把事项整理好，就能确切地知道在任何一天，具体需要做什么来达到目标。比如，完成一个全程马拉松，就需要制定一个训练计划，具体到每一天的跑量和速度，然后需要把这个计划打印出来，放在日历上，或者贴在家里显眼的、每天都能看到的地方。一点点地累积量变，最终达到质变的效果。

第三步，专注于你能做什么，而非你不能做什么。

为什么节食很难？因为需要不停地告诉自己"不能"吃什么。消极的心理会让整个解决方案看起来像是坐在监狱里一样不舒服。所以说，不要说"我不吃甜点"，要重新定义为"我把水果当甜点"；不要说"我不喝碳酸饮料了"，而要说"我每天喝两升纯净水"。这样，自然而然，习惯就会有所改变。

家是另一个学校

第四步，从小事做起，把大目标分成阶段性小目标。

先考虑什么是可以实现的，从那些阻力较低的小事开始。或者，如果目标很大、包罗万象，可以尝试把大目标分解成一系列较小的目标，然后一个一个地去实现。例如，如果目标是全程马拉松，可以从 5 公里开始训练，哪怕刚开始连跑带走只能完成 1 公里。一旦建立信心，下一步就会顺其自然。

第五步，专注目标，投入和决心成正比。

开始为目标进行投资。比如购买几款不错的健身衣服，穿上漂亮的健身衣去锻炼就会有些期待。或者花点钱注册一场跑步比赛，如果不去比赛，意味着白白浪费注册费，这样会更愿意训练。小小的投资，就意味着慢慢在实现目标。

第六步，像写实验报告一样忠实记录计划的实施情况。

完成50%　　完成90%　　完成100%

"斯巴达障碍赛"中的障碍之一：翻墙

程毅在实验室工作的时候，需要事无巨细地记录实验情况。锻炼亦如此。把锻炼计划写下来的人，坚持锻炼的可能性更大。那些愿意花时间记录锻炼情况的人，可能会对计划本身产生更多的思考，从而增加计划实施的成功性。这些日常小小的细节，造成的日积月累的变化是巨大的。

第七步，邀请家人和朋友来帮助和监督。

很多时候我们放弃是因为即使没有成功，也没有后果，所以建立"问责制"很有必要。比如，公开自己的计划，让亲戚朋友知道，会形成一种无形的监督和鞭策。

通过言传身教，让孩子看到实现目标的可能性。

依据爸爸传授的经验，两个孩子在学钢琴和练壁球两件事情上，一直在坚持和努力中。他们记录自己的练习时间，经常反思成功和失败的原因，专注自己能实现的小目标。我为他们的进步和付出十分自豪！

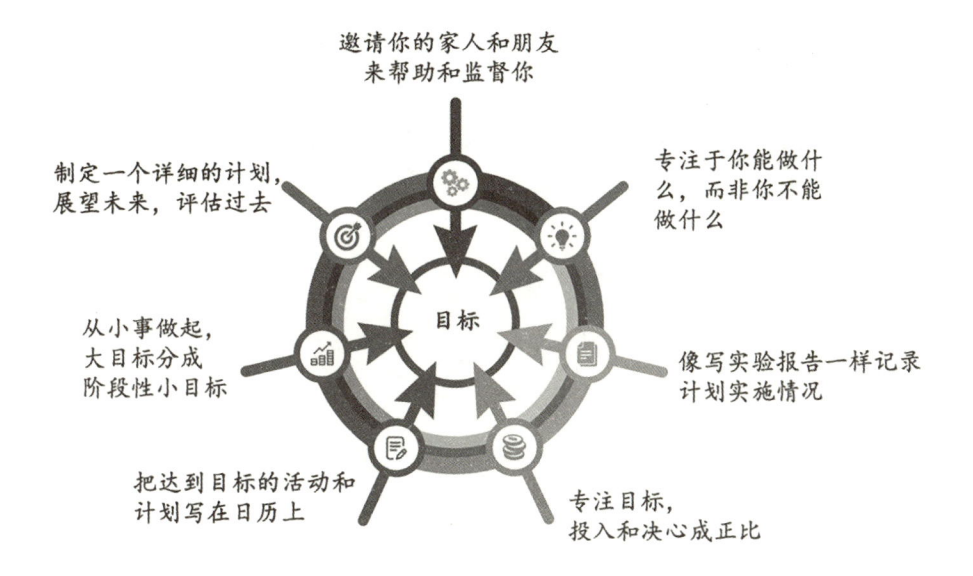

围绕"目标"的七个方面：
- 邀请你的家人和朋友来帮助和监督你
- 专注于你能做什么，而非你不能做什么
- 像写实验报告一样记录计划实施情况
- 专注目标，投入和决心成正比
- 把达到目标的活动和计划写在日历上
- 从小事做起，大目标分成阶段性小目标
- 制定一个详细的计划，展望未来，评估过去

思维工具：成为 8% 的人

孩子想实现的一个目标是什么？

从这些角度陪孩子思考：如何实现目标？

注意：可以陪孩子讨论，但是让孩子发言，父母主要负责提问和记录。

1. 一起制定一个详细的计划

——思考相关问题：怎么衡量目标实现了？实现的时间段是什么？

2. 把分阶段实现的时间写在日历上

——应该分几个阶段实现？完成的时间节点是什么？

——用纸质的日历还是电子版的日历？

3. 分清哪些能做，哪些不能做；专注在能实现的目标上

4. 细分小目标

——每天能做什么？哪个时间段做？

——今天/现在就能做什么，迈出第一步？

5. 投入的预计

——需要投入的资源有哪些？多少钱？怎么使用这些资源？

6. 记录实现情况

—— 一周一次的总结和汇报如何进行？

—— 一月一次的总结和汇报如何进行？

7. 邀请大家监督,设定没有实现的惩罚机制

——邀请谁一起来参与和监督?

——如果没有实现,应该承担什么后果?

做个"聪明人"

大文豪托尔斯泰曾经说过:"要有生活目标,一辈子的目标,一段时期的目标,一个阶段的目标,一年的目标,一个月的目标,一个星期的目标,一天的目标,一小时的目标,一分钟的目标。"看到这里,您可能觉得,这些大道理对孩子而言,是不是太深奥了? 其实,孩子是能理解的。在目标设立方面,我们鼓励孩子成为"聪明人"。"聪明"还多了另外一层含义:聪明人用 SMART 办法。

SMART 在英文里是"聪明"的意思;SMART 目标实际上代表了 5 个英文单词的首字母,也就是目标制定的五个方面:

S Specific 具体的
M Measurable 可衡量的
A Attainable 可实现的
R Relevant 相关联的
T Time-bound 有时限的

SMART 目标管理办法在很多公司都在使用，那在家里如何使用呢？

大儿子是个喜欢赚钱的家伙，9 岁那年的暑假，他向全家人宣布，要挣很多的钱。

我们问："那怎么挣呢？"

他很有信心地回答："卖画！"

对于他的小事业，我们当然很支持，于是拿出这个"聪明 SMART"工具，跟他一起思考。

（1）SMART 原则一 S（Specific）——具体性

好的目标计划，首先必须具体，自己明确到底应该做什么。

9 岁的他希望自己能挣很多很多的钱，我们问了三个问题："很多很多的钱是多少？"他回答："一百美元。"我们莞尔一笑。好吧，一百美元这个目标很具体。

我们接着问："卖什么画？"他说："卖自己画的漫画。"他平日里喜欢画漫画，倒是有些能拿得出手的。

第三个问题："怎么卖呢？"他说："卖给邻居和爸爸妈妈的朋友。"他看来动了脑筋，想到了细节。

（2）SMART 原则二 M（Measurable）——可衡量性

可衡量性就是指目标应该是明确的，而不是模糊的。应该有一组明确的测量，作为衡量是否达成目标的依据。如果制定的目标没有办法衡量，就无法判断这个目标是否实现。

100 美元的目标说大不大，说小不小。我们借此机会给他普及了一下财商知识，让他理解了不同的支付方式，比如微信支付、支付宝支付、支票支付、信用卡支付、现金支付等。对他而言，好像现金是最喜欢的方式。

（3）SMART 原则三 A（Attainable）——可实现性

目标要有实现的可能，否则当习惯了无法完成目标时，任何目标和计划对自己都是没有意义的。

我问了儿子一个问题：邻居或者爸爸妈妈的朋友买一个孩子的漫画干什么呢？我们花了很长时间在思考这个问题，大儿子显然没有想过他喜欢的东西别人不一定喜欢。后来，大儿子问我："妈妈，我还可以画人像！如果我可以画他们，他们是不是就会买自己的画像了呢？"这可是个好主意啊！我们让孩子练习先画爸爸妈妈。大儿子要我躺在床上睡觉，然后画了一张我睡着的样子，十分有趣！我高兴地花十美金买下来了。

儿子给妈妈画的"睡美人"图

（4）SMART 原则四 R（Relevant）——相关联性

如果实现了这个目标，但与其他的目标完全不相关，或者相关度很低，那这个目标即使达到了，意义也不大。

接着我们问了他一个关键问题：为什么你突然想挣一百块钱呢？

大儿子这时候才坦诚地告诉我们，他看中了一套玩具，差不多要一百美金。他知道爸爸妈妈一般反对花钱买很贵的玩具，所以他决定自力更生。我们肯定了他自己动脑筋解决问题的精神。

（5）SMART原则五 T（Time-bound）——有时限性

目标的时限性就是指实现目标是有时间限制的。

什么时候达成目标？大儿子摸摸后脑勺不好意思地问："我明天就想要，可以吗？"我们笑着把他搂进怀里："可以，就看你能画多快了！对了，我们还要学怎么标价、怎么谈价格呢。"

通过这次锻炼，大儿子长大了很多，知道了挣钱没有想象的简单。其实，最后他并未通过卖画挣到玩具钱，但是我们发现他很喜欢这个SMART工具，于是，我们鼓励他重新设置目标，重新想办法。

思维工具：成为"聪明人"

孩子想实现的一个目标：

看看写下来的目标，是否具备这些特点：

Specific(具体的)	1	2	3	4	5	6	7	8	9	10
Measurable(可衡量的)	1	2	3	4	5	6	7	8	9	10
Attainable(可实现的)	1	2	3	4	5	6	7	8	9	10
Relevant(相关联的)	1	2	3	4	5	6	7	8	9	10
Time-bound(有时限的)	1	2	3	4	5	6	7	8	9	10

按照1—10来自我检查。10代表十分符合，1代表完全不符合。圈一圈。

哪一项分数最低？

_____

哪一项分数最高？

_____

修改后的目标：

下篇

做父母，上善若水、厚德载物

老子《道德经》曰："上善若水。水善利万物而不争，处众人之所恶，故几于道。居善地，心善渊，与善仁，言善信，政善治，事善能，动善时。夫唯不争，故无尤。"

做父母就像水一样，要润泽心灵、善于引导。

处事善于发挥所长，行动善于把握时机。

在下篇，我们探讨如何由简单的玩，变成寻找自己的乐趣和擅长，最后用所学去改变世界；如何在培养孩子才学的同时，也锻造他们的善良和道德感，让他们的人生不仅成功，而且有价值；如何在逆境之中生长，永远保持一颗向阳的心；以及如何遵循孩子的本性和内心，让他们成长为自己喜欢的样子。

第十一章
玩耍—激情—使命

从陪玩开始了解孩子

夏天的某个傍晚,很多爸爸妈妈带着娃聚在小区儿童活动中心玩。看着孩子们跑得满头大汗,我们在盘算着晚上他们可以早睡,我们也可以睡个好觉了。

看着孩子们玩得十分尽兴,爸爸妈妈们打开了话匣子。

珊迪是个家庭主妇,问道:"我们两个孩子特别贪玩,玩起来也很投入,我们的每间房子都是他们的游乐场所,捉迷藏、搭城堡,家里都不像个家了,像个动物园。但是,我一直认为,贪玩代表对世界很好奇,或者对某件事情有特别的热情,这是一件好事。如果一个孩子对于任何事情都没有太大的兴趣,一点也不贪玩,这反而让我担忧。你们觉得呢?"

坐在珊迪对面的是安迪，他们是对夫妻。平日很少见到安迪，因为他经营餐馆，几乎全年无休。他说："我跟老婆的意见不一致。我们的生活节奏快，大家都很忙，孩子学习压力大，我觉得玩是浪费时间，不如做做数学、读读书、刷刷题实在啊。"

孩子小的时候，我们家的儿医就一再叮嘱我们要带孩子玩。因为玩让孩子们发展想象力、灵活性以及提升身体发展、认知和情感力量。玩对大脑的健康发育很重要。正是通过不同的玩法，孩子们在很小的时候就能与周围的世界互动。玩让孩子们能够创造和探索一个他们可以掌控的世界，克服他们的恐惧。玩还可以让孩子们学会如何在群体中分享玩具，甚至解决冲突。最重要的是，通过玩，孩子可以发现他们自己感兴趣的事情，能在尝试中发展自己的兴趣爱好。

有个周末我们在家，看着孩子渴望的眼神，程毅于是决定关上电脑好好陪儿子们玩。他答应孩子，任何他们希望和爸爸一起做的事情，他都愿意。两个儿子喜出望外，连忙确认："任何事情吗？爸爸说话算数吗？"

孩子的第一个愿望就是，要教爸爸打游戏。在他们看来，整天只知道工作和赚钱的爸爸没有那么有趣。多年不玩游戏的程毅，开始父子三人连线游戏，接下来是玩漫威版本的大富翁游戏和扑克，玩得不亦乐乎。中午他还特意下厨做了儿子们最喜欢吃的培根芝士烤土豆，虽然卖相不好看，但是味道确实不错。下午他提出眼睛要休息，就一起玩画图猜单词的游戏。傍晚的时候，父子三人在前院打羽毛球和去后院爬树。晚上小儿子教爸爸如何在求生模式下玩"我的世界"游戏。

等到晚上，两个儿子睡前兴奋地和我分享今天和爸爸的愉快经历。我

偶尔陪孩子做他们喜欢做的事情，才知道他们为什么为一件事情着迷

们才意识到，原来孩子有人陪玩，是一件多么开心的事情。睡前，大儿子搂着程毅的脖子撒娇说："我想爸爸多陪我！"小儿子怯生生地补充道："跟我们玩，爸爸你今天也很开心吗？"爸爸搂着他们俩，亲吻他们的面颊，温柔地说："希望天天这么开心！"

　　孩子睡着以后，我们不禁感叹，原来当我们努力工作努力赚钱，想要给孩子提供最好的条件时，其实孩子想要的很简单，就想要父母的注意力和时间而已。很多育儿书都告诉我们，要有高质量的陪伴。可是仔细想想，如果压根儿没有时间陪伴孩子，哪来高质量的陪伴呢？只有陪伴的时间"量"跟上了，才有资格谈论"质"。其实，高质量的陪伴，就是和孩子漫无目的地吹牛聊天、说说废话、打打游戏，偶尔浪费浪费时间，或者干脆就陪孩子做些他们想做的事情，反而孩子特别开心。

哈佛商学院创新大师克里斯坦森博士在《你要如何衡量你的人生》中，一针见血地指出：我们每个人的时间和精力有限，我们时刻在决定如何把自己的时间和精力用于"投资"。我们可以投资给事业，投资给娱乐，投资给家庭。但是，陪伴和养育孩子是一种长期投资，越早投资越有价值；把时间和精力投资给家庭，一定能保证你获得稳定丰厚的回报！

让我们都陪孩子好好玩一玩，这将是我们和孩子之间最美好的童年回忆！

补充型快乐

教育家陈鹤琴说："父母当做儿童的游戏伴侣：做父母的应当忘记年龄，来和儿童游戏，做他的伴侣。"

常常有家长问，爸爸们天生缺根筋，不知道怎么陪孩子玩怎么办呢？

我们问了很多朋友。这些是各家的玩耍宝典，都是不错的主意，你也可以陪孩子试试：

- 一起制作小电影：大家一起做演员，拍个小电影。
- 徒步旅行或者探险：找个家附近从来没有去过的地方一起去探险。
- 学习美容美发：爸妈跟孩子学学怎么装扮会更加年轻；也可

儿子参加同学的生日会，同学爸爸陪孩子们玩"画脸"

以试穿奇装异服。

- 各种体育运动：排球、篮球、网球、健身、乒乓球、羽毛球，一起打场球。
- 一起追星：要孩子分享自己喜欢的明星，一起八卦。
- 钓鱼。
- 一起开博客，分享生活的感悟。
- 让他们教你一些他们知道，但是你不知道的东西，比如各类 APP。
- 自拍：让孩子当导演，各种风格都试一试。
- 一起开车兜一场风。
- 烹饪、烘焙：让孩子给家人做顿饭。

程毅陪孩子参加万圣节活动

- 一起做志愿者，为社区服务。
- 一起玩电子游戏：让孩子教你打电脑游戏。
- 在咖啡厅或者茶餐厅聊天。
- 做大拼图或者一起堆巨大的乐高。
- 野餐：让孩子安排一次野餐。
- 一起去海滩/公园/游泳池。
- 在院子里或树林里露营。
- 一起攀岩。
- 一起打保龄球。
- 一起看电影。
- 一起照顾宠物。
- 共读一本书。
- 一起研究园艺。
- 一起打造一个木工作品。

思维工具：陪孩子玩什么？

跟孩子商量一下，有哪些活动可以一家人一起参与？

　　高质量地陪伴孩子能解决很多亲子问题。比如您希望孩子锻炼身体，可以陪孩子扔沙包、跳绳、打羽毛球，在出汗的同时还可以让孩子感觉到爸爸妈妈特别的关注！这可比一吼二叫三动手地催着赶着孩子锻炼，有效果多了。

　　美国的社会学家芭芭拉将快乐进行了划分，分为消耗型的快乐和补充型的快乐。她在底层"卧底"8年后，发现越是处于底层的人，越是会用一种消耗型的方式来寻求快乐，比如肥皂剧、毒品、电子游戏；越是处于高层次的人，越是会用一种补充型的方式来寻求快乐，比如跑步、阅读、学习。如果有家长的指导和帮助，孩子会更倾向于从补充型的方式中来寻求快乐。

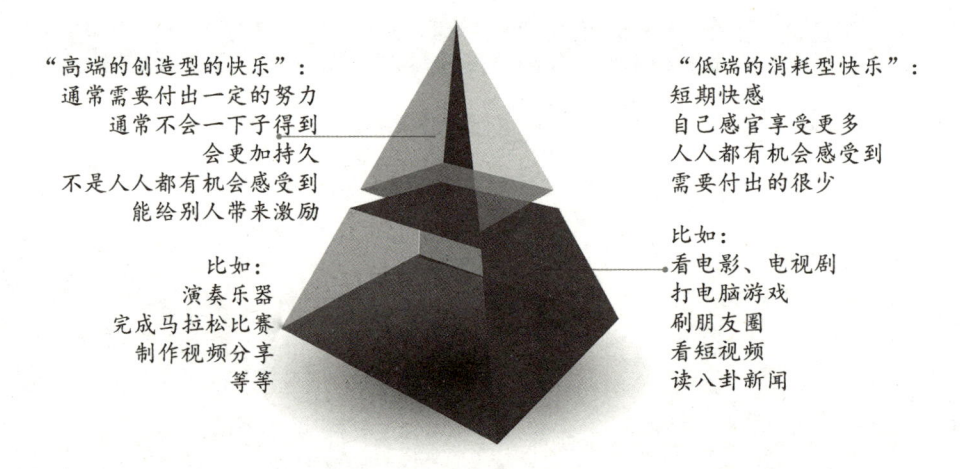

"高端的创造型的快乐"：
通常需要付出一定的努力
通常不会一下子得到
会更加持久
不是人人都有机会感受到
能给别人带来激励

比如：
演奏乐器
完成马拉松比赛
制作视频分享
等等

"低端的消耗型快乐"：
短期快感
自己感官享受更多
人人都有机会感受到
需要付出的很少

比如：
看电影、电视剧
打电脑游戏
刷朋友圈
看短视频
读八卦新闻

父母只有陪孩子一起玩了，才知道为什么孩子对某件事如此着迷。譬如说下棋，为啥孩子觉得这么好玩？只有身在其中，才能体会到棋场上步步为营、运筹帷幄、把控全局的乐趣。在游戏里，他们能获得现实中不能实现的愿望，能获得控制感和团队合作的快乐。

只有陪孩子玩过，才知道怎么引导孩子从低端的消耗型快乐，到高端的创造型快乐。比如，陪孩子打过几次游戏之后，我们也开始一起学习编程，创造自己的游戏；陪孩子看游戏主播的视频分享后，孩子也学会了自己制作视频分享；陪孩子下国际象棋，孩子最后自己主动报班学习，通过下棋认识了很多新的朋友。

在孩子眼中，会玩的爸爸妈妈是最酷的爸爸妈妈，这样他们也可以成为最酷的孩子。

触摸更高的目标

"加油、加油、加油!"在一次培训中,跟着来自全世界不同地方的四百多位校长,我们在美国哈佛大学的教室里玩起了猜拳游戏!一轮轮下来,我竟然奇迹般地进入了前十强,被分到了"最强小组"。后来我才发现自己高兴得太早了,前十强意味着我要第一波接受智力和体力并存的挑战。

我们被带到一个搭建起来的蹦极的高处,从上往下看,大概有二十多米,下面有护网,看上去挺安全的。大家被分成两两一组,跟我配合的是一个虎背熊腰的美国校长米勒。她是个爱好运动的人,肌肉发达,看上去很有力气。我们研究了一下,这个挑战很简单,但是也很复杂。她需要穿上装备,被吊起来,悬空在我的对面一米左右的地方。我则面对她站在"悬崖"边。我需要起跳过去,抱住她的脖子和肩膀,这样她接住了我,也就代表挑战成功。如果我们失败了,她没有接住我,我就会掉到下面的护网上。虽然很安全,大家都有装备保护,但是这个挑战让我和她都忍不住紧张。

我们前面一共有四组八人。这样看上去一个很简单的任务,结果无论起跳的人怎么助跑或者跳得多高,都只是抱住了队友的腰部,由于重力作用皆直接掉了下去,他们都失败了!

轮到我的时候,之前的紧张和不安仿佛消失了。在那一瞬间,我突然觉得内心很平静,眼中没有了队友,只看到远处的一棵更高的树。我的视线停留在了队友头部上方约一米的地方,然后定身起跳,竭尽全力去触摸那个高度。结果,我正好落在队友的怀里。她一下子抓住了我的手,我顺势牢牢地抱住了她的脖子。我们竟然成功了！落地以后，我们激动得都快要哭了！

这是一个我终身难忘的体验！因为这次不平凡的经历教给了我一个非常真实的道理：只有跳起来去够一个你完全觉得够不着的目标时，你才有可能正好到达你原来想到达的地方。也就是说，如果我当时只是看着队友，向她跳过去的话，有可能只是触摸到她的腰部或者脚部，她就没有办法够得到我，来拉我一把。因为我想触摸更高的目标，结果正好到达了原定的高度。

哈佛大学的一次培训，彻底改变了我培养学生和自己孩子的思路

培训的第一天，我们读了哈佛大学托尼·瓦格纳博士写的一本名为《创造创新者：如何打造将会改变世界的年轻人》的书。他的演讲让我尤其印象深刻。

他说:"21世纪教育最重要的是'创新'。当今世界最需要的是'创新者',能用自己的知识和激情去解决一些问题,这样才是未来的保障和个人发展的最终目标。"

在托尼·瓦格纳的书中,他采访了很多改变世界的创新者。他发现,这些人没有共同的社会背景、教育背景,性格迥异,但他们的共同点是,他们都遵循"玩耍到激情到使命感"的成长规律。

玩耍(Play)是人的天性。小孩子小时候对什么都好奇,什么都要摸一摸、碰一碰;在玩当中,他们了解这个世界。激情(Passion),就是玩着玩着,玩出了兴趣和成就感,甚至在某个方面越玩越厉害。当玩到一定的程度,人就希望能有所作为,能为这个社会的改变做些什么,激情就变成使命感(Purpose)。有的人发明新的产品,有的人革新观念,这些创新者渴望以某种方式影响世界,让世界变得更美好,这就是他们创新的动力。使命感是"玩"的最高境界。

```
                        ┌─── Purpose
                        │    使命感
              ┌─ Passion ┘
              │  兴趣
        ──────┘
        Play
        玩耍
```

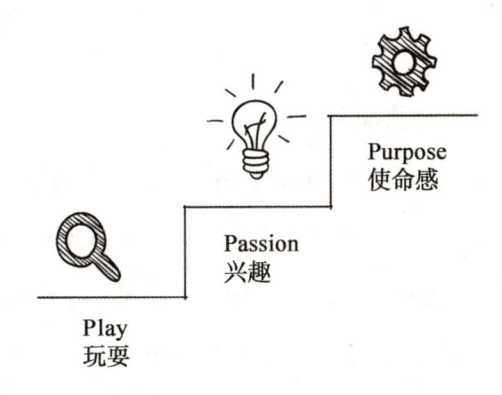

托尼·瓦格纳博士在采访了150多名具有创新意识、并改变了世界的人之后,试图找出谁才是能激发孩子创新动力的人。极少数受访者认为学

校教育给了他们创新的思路,大多数认为是父母的不断鼓励和支持,父母对自己的帮助和引导,培养了他们的创新的企业家精神,让他们有了改变世界的勇气。

三个孩子的故事

看来我不是唯一一个跟托尼·瓦格纳博士的观点产生共鸣的人。跟我一起配合高空挑战的队友米勒校长一针见血地指出:"这不跟第一天的高空挑战一个道理吗?培养孩子,一样要从更高的目标开始,这样他们才会找到合适的位置,产生源源不断的内驱力。"

大家频频点头。另外三个校长迫不及待地分享了三个孩子的成长故事。这些孩子都是在玩当中产生了兴趣,然后越来越有信心,直至发现一个契机,用自己擅长的知识和技能改变了别人的生活。

第一个故事:自我消毒防护服

2014年,在埃博拉病毒疫情期间,一个八岁男孩马克看新闻时了解到,很多医护人员前往利比里亚救助病人,一个叫肯特·布兰特利博士却不幸在治疗病人时被感染了。马克想,医生和护士在帮助别人,但是怎么更好地保护自己不感染疾病?于是,他想设计一套"自我消毒防护服"。

在同样热爱发明的爸爸的支持下,他的防护服设计成功了！他的防护服有三层，外层有许多小孔，中间层有许多口袋，里面装满了消毒液或含有这种溶液的扁豆状珠子。需要的时候，医护人员可以手动充气，这样消毒液通过小孔流出衣服，覆盖在衣服上，消灭有可能附着的病毒。然后，防护服可以安全脱下来扔掉。

尽管它最初的设计意图是为了保护医护人员免受埃博拉病毒的侵害，但也可用于预防任何高度传染性疾病，如非典、炭疽、冠状病毒等。

后来马克入选了美国年轻发明家，并获得了爱迪生创新奖。他说："每天有成千上万医护人员冒着生命危险拯救别人，我希望我的发明能拯救他们。"

"马克的独特之处在于，他把问题视为解决问题的机会，"他父亲说，"他创造性地看待问题，并认真去想办法解决。"

联合国提出的17个可持续性发展目标的第3个目标是健康卫生。联合国的网站上这样写道："当前，世界正面临一场前所未有的全球卫生危机。"比尔·盖茨在2015年就警告世人："如果有什么东西在未来几十年里可以杀掉上千万人，那比较有可能是个高度传染的病毒，而不是战争。不是导弹，而是微生物。"2020年的新冠病毒在全球范围内造成的破坏有目共睹。作为一个普通的小学生，小小年龄就能这样改变世界，值得称赞！

第二个故事：蜜蜂的守护天使

一个小女孩在四岁的时候产生了保护蜜蜂的想法，没想到竟发展为令人瞩目的事业。她的名字叫米凯拉·乌尔默，被称为"美国最年轻女CEO"。

米凯拉小时候有一次被蜜蜂蜇得很疼，产生了惧怕心理。爸爸妈妈因势利导，帮助她了解蜜蜂为什么会蜇人。她在寻找答案的过程中，了解到了蜜蜂对于生活的重要性，也发现了蜜蜂正在面临前所未有的生态危机。这样，她不生气了，反而希望能为蜜蜂做点什么。

奶奶给米凯拉留下了一本烹饪书，平常她就喜欢照着食谱做些点心。食谱中有一个很独特的柠檬水秘方，她如法炮制，用当地产的野花蜜和有机薄荷做出了特别口味的饮品，在一次本地的儿童商业竞赛中获了奖。

灵机一动的她在具有商学院背景的父母的支持下，摆起了地摊，卖自己调制的柠檬水，得到的收入部分捐给蜜蜂保护组织。2015年，在爸爸的陪同下，她参加了电视节目《创智赢家》，竟然获得了六万美金的投资。两年后，另外一个财团投资80万美元，让她的小小梦想获得了更多的关注和成功。

现如今读高中的她已经把生意拓展到全美50个州，新的口味不断创新，保护蜜蜂的理念不断得到传播。她的非营利组织"健康蜂巢基金会"呼吁人们关注蜜蜂的生态危机，改善蜂群生存环境。她一直将10％的收入捐给蜜蜂保护团体,同时也将另外10％捐助公益组织,给需要帮助的儿童提供健康食品。

米凯拉的故事无疑是个传奇。纵观她的成长和创业经历,父母的支持和陪伴必不可少。他们本身就有商业背景,一直不离不弃地帮助和指导女儿;同时,鼓励她从自己喜欢的烹饪当中寻找灵感和启发,把小小的爱好和慈善事业结合起来,成就女儿的梦想。

第三个故事:穿上电线杆的棉袄

曾经在天寒地冻的加拿大冬天,有一条新闻温暖了所有人的心。

加拿大冬天非常寒冷,甚至一度能达到零下40摄氏度左右。塔拉·史密斯快过八岁生日了,在家人的帮助下,她决定做一件事情来帮助自己社区的人。她收集了很多旧外套,在生日那天,和其他七个好朋友一起在街头给电线杆穿上了棉衣。当然棉衣不是给电线杆的,而是给在寒冬当中受冻的人,很多是无家可归的流浪汉。衣服上面还系着一张小纸条:"我没有迷路,如果你需要,请带我回家。"

"我们在街头待了一小时才回到车里,他们都冻坏了。"作为司机的妈妈又心疼又自豪。照片发到网上以后,很多人纷纷赞叹,称赞这个创意温暖十足。后来世界各地很多人纷纷效仿

我们的学生在进行义卖,为慈善机构捐款

她的善举,帮助有需要的人过一个温暖的冬天。

在我们指导的学生当中,很多孩子心怀天下,愿意通过自己的努力和才智,为这个世界做些什么。他们这种"触摸更高目标,帮助更多的人"的心胸也正是美国名校人才培养的标准之一。

第十二章
从"为什么"开始,激发内驱力

黄金三圈

演说家和作家西蒙·斯涅克在他的书《从"为什么"开始》里,提出了一个黄金圈法则。先问为什么要做——把握住事物的大方向;再问如何来做——设定正确的方法或路径;最后问具体做什么——把任务分解到具体的步骤,从而确保目标的有效

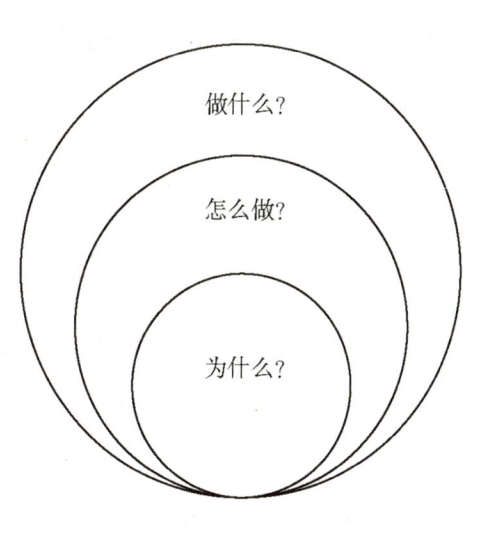

实现。

通常我们思考问题和行动的方式都是由外而内的,也就是从"做什么"到"怎么做"再到"为什么做"的过程。比如,家长要孩子学习各种课外班,一般是告诉孩子什么时间要上什么课,上课的时候要怎么学,很少跟孩子谈及"为什么要学"这个深层次的话题。然而,真正做出杰出贡献的人,他们的思想、行动和交流都是自内而外的,也就是先思考为什么要做,再考虑如何去做,最后是具体做什么。这种由内向外的思考、行动和表达方式,是取得成功的重要因素。

这个"黄金三圈"让我一下子茅塞顿开。我记得给孩子报钢琴班之前,我很想让孩子明白音乐带给人的美好享受和体验,音乐的治愈性功能。有一次孩子住院几天,在儿童医院的大厅里,我们一起听本地大学音乐系学生的义演。孩子告诉我,在医院里能听到音乐演奏会,有很特别的感受。我对孩子说:"终有一天爸爸妈妈会离开这个世界,我们没有办法永远陪伴你。但是,想我们的时候,你孤单的时候,可以通过演奏乐器,来思念我们,来安慰自己。"然后我带着孩子去了解了不同的乐器,听了多场音乐会。最后,孩子决定学习钢琴。

从"为什么"开始,是一种智慧。在青少年的培养过程中,这个核心"为什么"通常跟使命感有关系,也跟很多家长关注的"内驱力"紧密相关。

以鸡蛋为喻,从外打破是食物,从内打破是生命。人生亦是,从外打破是压力,从内打破是成长。如果你等待着别人从外打破你,那么你注定成为别人的食物;如果你自己从内打破,那么你会发现自己的成长相当于一种重生。这就是内驱力的意义。是的,人生就像是一个鸡蛋,外表看上去毫无吸引人的地方,而且还极容易破碎;可是,如果这个人能够发挥自己的主观能动性,能够实现一种自我突破,那么最终就能打破包裹自己的这层蛋壳,不但可以就此看见外面的世界,而且将以一种全新的形象出现在这个世界上。而这种打破束缚的动力就是内在动力。

内在动力,或者内驱力,是出于内心需要而产生的一种做事的动力,比如科学家废寝忘食地想解决一个难题,孩子对一件事情沉迷其中的反复练习。很多名人也对"内驱力"有自己的诠释。比如拿破仑·希尔认为所有成就的出发点都是渴望。吉姆·罗恩说:"动机是什么让你开始。习惯是什么让你走。"体育名将迈克尔·乔丹曾经提到:"要知道,你要做的事情,一定是伟大的事情。"

当我们跟孩子谈成功的时候,不光是工作成功、生活富足,更应该谈他们应该成为什么样的人,来帮助他们的社区和整个世界。我们生活的世界有很多问题、很多挑战,我们怎么合作起来,创造性地解决这些问题?而这些"如何触摸更高目标"的对话才能真正激发孩子想努力的愿望。

如何寻找和培养使命感?

回到哈佛大学的培训经历中。"那老师和父母应该怎么帮助孩子寻找他们的使命感呢?"米勒校长举手了。

在授课的哈佛大学雷默斯教授微微一笑,展示了他的新书《教育学生改变世界》(*Educating Students to Improve the World*)。他说:"可以帮助孩子关注人类共同生存和发展的话题。联合国在 2015 年推出的 17 个可持续发展目标就是一个很好的参考。其实无论是解决贫困问题,还是关注性别平等,无论是环保话题,还是经济话题,孩子都可以从中找到自己的兴趣点。

"比如,博扬·斯拉特17岁那年在希腊潜水时,注意到海洋里的塑料垃圾成堆,污染严重。塑料是大多数海洋污染的元凶。据估计海洋中有一亿五千吨塑料,仅北太平洋的垃圾带就有10万吨。一只塑料购物袋需要近20年才能完全降解,一只塑料瓶则需450年。意识到问题严重性后,这个荷兰少年便尝试发明出一种能收集海洋垃圾的工具,实现他'无塑料海洋'的梦想。当然一切并没有想象的那么顺利。他在经历了一次次失败和不断尝试改进之后,用众筹的方式,终于募集了两百万美元。有了这些钱,他开始让想法变为现实。后来他成立了海洋清理基金会,着手研发技术问题。他的回收方案,每年不仅解救数十万海洋动物,减少塑料污染物,还可以节省数百万美元用于船只、清洁、维护。而这些回收的塑料如果转卖,将带来超过5亿美元的收入,比这个项目支出的经费还要多。不过,他的目标计划不是赚多少钱,而是彻底实现'海洋零塑料'。

"他的成功,离不开他强烈的使命感和坚定的决心,更重要的是他在实现他的梦想之余,对自己的责任感有了更加清醒的认识。不同的人,会在不同的事里找到意义。重要的是,选择目标时,必须符合自己的价值观、爱好,符合自己内心的愿望,而不是为了满足社会标准,或是迎合他人的期待。'真我的呼唤',就是使命感。"

也许很多孩子觉得,使命感是很虚的东西,看不见,摸不着,也跟自己的生活没有什么关系。但是,不要看孩子年龄小,他们的使命感是可以被激发的。

美国的华人社区流传着这样一个故事：

美国罗德岛有个年仅十几岁的华裔女孩，名字叫林心瑜。她的爸爸妈妈来自中国台湾，哥哥在斯坦福大学读书。从小，她就受爸爸妈妈和哥哥的影响，参加青少年社会服务组织的活动，比如回收老旧计算机，改装整修后捐给需要的贫穷家庭等。

2008年，年仅10岁的林心瑜在一场能源展览会中，第一次看到废弃的烹饪油转化成环保生物柴油。她对此深感兴趣。随后，林心瑜在报纸上读到，在她所居住的社区中，有许多户人家冬天不舍得开暖气，因为暖气费用太高了，联想到另外一个消息报道的很多地下水道出现废弃油脂堵塞的问题，她灵机一动，想了一个好办法。

首先，她号召一帮好朋友，成立一个社区服务团队，叫作"化油脂为燃料"。这群年轻人，开始发送传单，大力宣传回收废油的重要性。接着，他们在自己的社区设置废油回收站，收集各个餐厅以及家庭的废油。收集以后，他们联系废油处理公司，让公司精炼制成生物燃油。最后，他们把生物燃油分送给当地贫困家庭，解决冬季供暖问题。

尽管这样做很耗费他们的时间和精力，但是本着一种使命感，他们坚持了下来。经过4年的努力，"化油脂为燃料"得到了很多社区的响应，成效惊人。他们四年内为146户家庭提供了几万升的生物燃油，就连当地的校车燃料也全部改用成生物燃油。此外，林心瑜带领小伙伴们拟出法律提案,要求所有商家必须回收废油。这项法案最终得到签署,开始在很多地方实施,连时任总统奥巴马都为这个小女孩的贡献点赞,电视台也给她颁发了青年才俊奖。

林心瑜固然有非常的观察力及创造力,能想到将废弃油脂转化成暖气。但是,一直在推动她的是一种使命感,希望解决环境保护的难题,也希望能造福许多贫困家庭。不难想象,她的人生将充满了希望。

我们告诉孩子,当一个人找到自己使命感的时候,会感觉到有看不见的力量在推动自己前进。只要追随自己的天赋和内心,你就会发现,生命的轨迹原已存在,正期待你的光临。你所经历的,正是你应拥有的生活。当你能够感觉到自己正行走在命运的轨道上,你会发现,周围的人,开始源源不断地带给你新的机会。

帮助孩子寻找使命感虽然并不是容易的事情,但是小小的种子可以播种下去。而玩是顺应孩子天性的第一步,也是开启寻找使命感的第一步。

思维工具:寻找使命感

我们可以跟孩子一起头脑风暴,了解这些联合国的可持续发展目标(可参考下表),看看在哪些方面孩子想继续了解,很感兴趣。然后一起想想,有哪些孩子可以参与。

联合国 17 个可持续性发展目标	我们可以做的事情
1. 无贫穷	
2. 零饥饿	
3. 良好健康与福祉	
4. 优质教育	
5. 性别平等	
6. 清洁饮水和卫生设施	
7. 经济适用的清洁能源	
8. 体面工作和经济增长	
9. 产业、创新和基础设施	
10. 减少不平等	
11. 可持续城市和社区	
12. 负责任消费和生产	
13. 气候行动	
14. 水下生物	
15. 陆生生物	
16. 和平、正义与强大机构	
17. 促进目标实现的伙伴关系	

(参考网站：https：//www.un.org/sustainabledevelopment/zh/）

第十三章

善良是人生的必修课

从独善其身到兼济天下

2007年,我一个人初到美国。到大学报到的第一天,我拿到新宿舍的钥匙,十分开心,因为我的小房子在树林之中,充满田园风情、特别安静。可是一打开门我就完全傻眼了:里面除了一张光溜溜的床,其他什么也没有!初来乍到的我很茫然,于是找师哥师姐求助,没有想到本地义工组织马上回应:"放心,明天给你送家具过来。"

第二天,一辆皮卡车停在我的宿舍门口,从车上下来好几个爷爷年纪的人。他们给我带来了满满一车的家居用品:从沙发到餐桌、从床头柜到书桌,一应俱全。他们接着告诉我,下午去另外一个义工组织领生活用品。我看着七十多岁的老人们汗流浃背地帮我把家具搬进屋,心里特别感动。

下午时分,我和其他的国际学生来到了一个大礼堂般的地方,那里满地都是各种锅碗瓢盆,任选任拿。我挑选了需要的东西,由热情的志愿者全部送到了我的新家。就这样,没有花费一分钱,我一天之内搭建了我的小家。晚上坐在家门口,听着虫鸣声声,心里很踏实、很温暖。后来我多次搬家,当时领的一套餐具已经很旧了,但是我一直没有舍得扔。对于陌生人的这份善意的感恩,我希望永远带在身边。

由于我得到过很多人的无私帮助,所以一有机会就参与义工服务,去海边捡垃圾,上山种树,也会去给流浪汉发放食物。美国学校注重培养回馈社会的品质,几乎所有的学校都要求学生每年参加一定时长的义工服务,每年从二三十小时到五六十小时不等。我有一个学生,每年参加至少两百个小时的义工服务,高中毕业前获得了州长颁发的荣誉勋章。

在家庭教育中,我们认为孩子聪明好学、成绩好固然重要,但是除了"独善其身"的自律,"兼济天下"的胸怀更加可贵。社区服务和志愿者的服务目的,是让学生有机会用知识和行动来帮助解决某种社会问题。其实,一个有着实践能力和服务精神的孩子长大走进社会,到哪里都会受欢迎。

今年冬天,我所在的高中学校把两百多个高中生送到了城市里的各个服务站做义工。有的学生去流浪狗收容所,有的去图书馆教老人用电脑,所有人走进城市这个大课堂,去学习、去服务。我和法语老师安娜带队三十多个高中生,兵分两路,去两家义工机构服务。一家在室外,帮助本地的一个建筑公司为无家可归的人搭建过冬的房子,他们今天的任务是刷墙。另外一队去"麦当劳叔叔之家"为孩子们准备圣诞礼物。

安娜的家乡在西班牙,小时候跟着父母移民美国。她三十出头,有着美丽的棕色长发,永远都挂着温暖的笑容。还有三个月她就要做妈妈了,看得出她充满期待和幸福。

她问我:"在中国,高中生必须要做义工吗?"我回答:"现在越来越多的学生参与志愿者服务,很多高中将志愿者服务纳入学生综合素质评估项目。那在西班牙呢?"

她说:"有,但是不像美国纳入毕业要求,没有这么普及。"接着,她说起2015年回西班牙探亲时,从电视里看到的一场比赛:

"2015年有一场自行车赛,我都不记得具体什么赛事了,但是我记住了那一场比赛,因为发生了很不寻常的一幕。车手伊斯梅尔·埃斯特万,在距离终点只有300米时不幸遭遇爆胎,他只能扛起自行车跑向终点。而此时,对于他身后的竞争对手奥古斯汀·纳瓦罗来说,是一个绝佳的超越机会。

"不过,令人万万没想到的是纳瓦罗居然拒绝超越对手,而是刹车放缓了速度,慢慢地跟随在爆胎的埃斯特万身后。道路两旁的观众为纳瓦罗的举动欢呼鼓掌。最终爆胎的埃斯特万获得铜牌,而纳瓦罗与奖牌失之交臂。

"后来,埃斯特万想把奖牌送给纳瓦罗,但遭到了婉拒,纳瓦罗表示自己不想在快到终点时超越一个爆胎的对手,这样胜之不武。他说'更高、更快、更强'是体育竞技的追求,但它必须以'公平、公正'为前提。

"事后,人们纷纷称赞纳瓦罗的绅士举动,认为他的刹车是对竞争对手的尊重。西班牙这场自行车赛让人们感受到了真正的体育精神。"

这时,我想起了另外一场比赛:

在2018年世界摩托车锦标赛中,22岁的车手罗曼诺·芬纳蒂,对于并排超车的对手斯特凡诺·曼兹异常愤恨。恼羞成怒的他竟然做出不理智的举动:为了自己抢得先机,芬纳蒂竟然伸手拉下对方摩托车的刹车,让对手顿时失去了平衡,一阵踉跄,好在没有造成重大事故。但是,在高速摩托车比赛中,采用如此恶劣的手段,很容易造成非常严重的伤害事故,这简直是把别人的生命当儿戏啊!

我说:"在体育竞技的赛道上,有人宁可失去奖牌也不愿超越爆胎的对手,有人为了取胜恨不得置对方于死地。得失成败的关键时刻最能检验出一个人的道德水准。而在人生的赛道上,孩子会面临很多类似的考验。这种教育,还真不是在课堂里学会的,只能像今天这样走出去学习。"

安娜深思了一会,摸着隆起的小腹感叹说:"是的,我希望我的孩子出生在一个纯净的世界里,公平公正,少些功利,大家多些服务精神。我跟你一样,作为外来移民,最看重这些;我觉得让孩子学习如何善待别人,比学知识更重要!"

麦当劳叔叔之家

"麦当劳叔叔之家"很快到了。门口硕大的黄色 M 标志和穿着红白条纹的麦当劳叔叔塑像,让我们感觉来到了一家麦当劳餐厅。但是,这里其实是一个类似于宾馆的居住楼。

"麦当劳叔叔之家"慈善基金非营利组织,在全球 35 个国家和地区拥有超过 337 间"麦当劳叔叔之家",服务超过 500 万个家庭。2015 年,中国也成立了第一个"麦当劳叔叔之家",就落户在我的家乡湖南长沙。那这个机构到底是做什么的呢?

安娜指向不远处的儿童医院说:"我先生是个医生,就在那里工作!每天都有很多的小朋友在那治病。那些需要长期住院的孩子,特别是在接受癌症治疗的孩子,每天需要他们家人陪伴。但是,他们不可能长期住宾馆,所以很多人只能在医院的长凳或者地上睡觉。后来,在志愿者的发动下,儿童医院联合麦当劳公司,在附近提供给病患家庭免费食宿。他们相信,麦当劳叔叔的乐观、积极和开朗的形象,能为正在与病魔搏斗的孩子和家人带去鼓舞的力量。"

走进大门,我感觉仿佛到了一个高级宾馆,灯光明亮、布置温馨,真像个家一样。只见有人朝我们走过来,热情地招呼着我们。接待我们的琼在这里工作了 8 年,她领着我们参观了整个中心,从影视厅到图书馆,从大厅到厨房,还有一间间的卧室,整洁干净。

琼介绍说:"'麦当劳叔叔之家'给病童及家人提供几乎免费的暂居。

大家还可以每天在厨房一起做饭，围坐在一个饭桌吃饭，让长期在外奔波的病人家庭享受到家的安心和温暖。住客家长们同舟共济，彼此关怀支持，交换各种照料病患的心得，切磋厨艺；病童在一起游戏玩耍，也能舒缓压力。"

参观之后，我们花了整整一天的时间把各种社会捐赠物资分类整理，特别给孩子们准备了上百个圣诞礼包。每个学生都很投入，我和安娜也觉得这一天最开心、最难忘！

后来，在我的牵线搭桥之下，很多中国留学生也尽己所能，无论是筹集资金还是物资，为这家机构送去自己的爱心。

我们的学生正在把募捐所得捐赠给麦当劳叔叔之家

其实，何谓成才，每个人的定义不一样。我们觉得，能独善其身，然后学会善待他人，具有兼济天下的心怀，这可能才是这个世界需要的人才。

第十四章
乐观是最好的礼物

我的外婆陈上元女士是一个生性非常乐观的人。外婆就像一棵大树，开花结果，26岁守寡，却凭一己之力拉扯大了三个孩子。她有五个孙辈，九个曾孙辈，是我们所有人最为尊敬的长辈。应该说，没有她的乐观精神的影响，我的人生会很不一样。

我成长的路上总是磕磕碰碰，在青春年少时，不开心总是如影相随。但是只要有外婆在，一切就很踏实。外婆常给大家说的寓言故事，我永远都记得。她说："有一个人，他有两个儿子，一个卖伞，一个染布。卖伞的祈求下雨，卖布的祈求天晴。这个人啊，下雨就去卖布的儿子那里，替儿子觉得难过；天晴就去卖伞的儿子那里，陪着儿子唉声叹气。所以啊，他没有一天是开心的。但是如果他反过来，天晴去看染布的儿子，下雨去看卖伞的儿子，岂不就天天开心了？所以啊，人生之事，关键看你心态如何。有乐观心态的人，人生会感觉幸福很多。但是，学会乐观却不是一件容易的事情。"

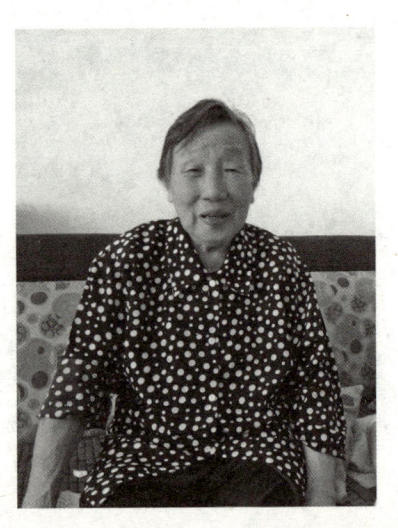

我的外婆对我的一生影响很大，乐观向上的她有无穷的能量和爱，福泽后人

乌云的银边

周日下午，我没有办法休息，因为孩子有游泳和钢琴课。我拖着疲惫的身躯，带着孩子穿梭在繁忙的城市中，想着各种课外补习班的学费，心里有些懊恼。

偏偏天公不作美，瓢泼大雨让我的车在雨中寸步难行。我只得随着车流缓慢前进，一边担心上课迟到，一边担心天气不好容易发生车祸，心里烦躁不安。

不一会儿雨过天晴,孩子们惊喜地喊道:"妈妈快看,天上有两道彩虹!"在我抬头的一瞬间,却被另外一个景象吸引了。

天上蓄满了大朵大朵的乌云,如盛开的黑润润的花朵,仿佛老天爷以天为纸,泼墨作画,每朵乌云花绽放得那样肆意烂漫、自由自在,让我不由得发出了轻轻的呼声。太阳来了,在阳光的照耀中,每一朵乌云都被镶上了亮闪闪的银边。乌云焕发着奇异的光辉,真是美极了!

我停下车,久久地看着这些被镶了边的乌云,被深深地震撼了。我从没有想到,太阳和乌云可以这样并存,而且,每一朵乌云都可以被太阳镶上美丽绝伦的银边。这正好印证了一句美国谚语"Every cloud has a silver lining(每朵乌云都有银边)",意喻再糟糕的情况也有值得欣喜的美好。

看到眼前的壮景,我之前的沮丧和阴郁一扫而光。在充满挑战的日子里,我希望多汲取这种正能量。

晚上到家,我正准备喜滋滋地跟老公分享今天的收获,结果发现他竟然不在家。我赶忙拨通他的手机,才发现由于下雨路滑,他的车子滑到一个路边的坑里,爆胎了!他还在等着拖车公司来处理。虽然诸事不顺,但是他明显没有半点沮丧,反而很兴奋地跟我说:"老婆,我在等的时候,听了宾夕法尼亚大学的积极心理学专家马丁·赛利曼教授的演讲,本来我觉得今天倒霉透顶,但是很快就调整好了心态。"

"是吗?说来听听!"我很好奇地问。

老公说:"赛利曼教授认为,当某一事情发生的时候,有三个重要维度需要考虑:永久性(permanence)、普遍性(pervasiveness)与个人化(personalization)。"

"什么意思呢?"

"我刚刚爆胎的时候,觉得特别悲观,认为今天实在有些不顺,运气不好。但是,赛利曼教授三个维度,帮我改变了思路,让我一下子觉得心情舒畅多了!"

	悲观的人会这么看待	乐观的人这么看待
永久性:是长久性的还是一次性的?	我怎么总是这么倒霉?我的运气永远都这么糟糕!	这是一次偶然事件,开了这么多年的车第一次遇到。
普遍性:是具有特殊性还是普遍性?	怎么偏偏发生在我身上,没发生在别人身上?	很多人都遇到过这个情况,没问题,可以解决的。
个人化:是自己的原因还是外部的因素?	我太笨,怎么不知道躲避呢?总是犯错!	路面情况不是我可控的,路上有个大坑,谁开到这里轮胎都有可能出问题。

听完老公介绍,我觉得这个工具很好!

在遇到事情的时候,我们尽量引导孩子理解这三个维度,更加客观地看待问题。比如,小儿子平日大大咧咧、笑嘻嘻的,但是却有点输不起。每次跟家人一起玩扑克,他一输牌必定就会哇哇大哭:"为什么总是我输?为什么我每次都输?老天爷太不公平了!"其实,他这种孩子的思维,就陷入了三个维度中的悲观方面。所以,我们给小儿子做了一个表,帮助他分析。

	悲观的小儿子会这么看待	乐观的小儿子会这么看待
永久性:是长久性的还是一次性的?	我总是这么倒霉!我的运气永远都这么糟糕!	打牌的每一局结果都不一样,输赢没有定数。
普遍性:是具有特殊性还是普遍性?	怎么偏偏发生在我的身上,为什么就不是哥哥输呢?	每个人都会赢牌,也都有过输牌的经历。
个人化:是自己的原因还是外部的因素?	我年龄最小,最没有经验,输牌肯定都是我的错。	拿到什么样的牌,我是决定不了的。发牌是随机的。

我们问小儿子,他是更愿意跟"开心"(乐观)的自己交朋友,还是"不开心"(悲观)的自己交朋友呢?眼泪汪汪的他似懂非懂地说:"开心的。"

大儿子钢琴比赛失利后心情很不好。为了帮他调整心态,我们也用乐观和悲观两种情况做比较。

	悲观的大儿子会这么看待	乐观的大儿子会这么看待
永久性：是长久性的还是一次性的？	我总是这么倒霉！我的运气永远都这么糟糕！	钢琴比赛以后还有，下次说不定就可以获奖了。
普遍性：是具有特殊性还是普遍性？	怎么偏偏发生在我的身上？	毕竟获奖的人是少数，大多数人是没有奖的。
个人化：是自己的原因还是外部的因素？	我不够好，我就是水平很糟糕！	我没有办法控制结果，但是我可以更加勤奋地练习。

生活之中，十有八九是不如意的，就像天上的乌云，常常会在。但是，乌云遮不住太阳，美好的心态才是我们最需要的。

思维工具：悲观 VS 乐观

你怎么来使用这个工具帮助孩子笑对挫折呢？

	悲观的人会这么看待	乐观的人会这么看待
永久性：是长久性的还是一次性的？		
普遍性：是具有特殊性还是普遍性？		
个人化：是自己的原因还是外部的因素？		

感谢人生中的"象鼻虫"

我的公公作为20世纪60年代的大学生,80年代赴美做访问学者,后来在南美洲工作多年,人生经历很丰富。

他曾经到美国亚拉巴马州旅游。在恩特曾颖镇的公共广场上,他看到了一座特殊的纪念碑——这是美国历史上第一次给害虫立丰碑。一行金色的大字镌刻在雄伟的纪念碑上:深深感谢象鼻虫在繁荣经济方面所做的贡献。

公公问我们:"象鼻虫是一种害虫。它的鼻子占了身体的一半,类似于大象的长鼻子,所以被称为象鼻虫。这种只吃棉花的害虫,为什么大家要为它们立纪念碑呢?"

1910年,一场特大的象鼻虫灾害席卷了亚拉巴马州的棉花田,象鼻虫所到之处,棉花全部绝产,棉农们面对这种害虫束手无策。美国南方的亚拉巴马州是主要产棉区,那里世世代代种棉花。当时的象鼻虫灾害,使人们认识到不能再像以前那样仅仅种棉花了,如果再暴发象鼻虫灾害,一年的收成就全没了。于是,人们开始想新的办法,绝处逢生。他们开始在棉花田里套种玉米、大豆、烟叶等农作物。结果,农作物经济效益比单纯种棉花要高很多倍,亚拉巴马州经济从此走上了繁荣之路,人们的生活也越来越好。亚拉巴马州的人们认为,当地农业往前走了一大步,应归功于那场象鼻虫灾害,是象鼻虫让他们学会了在棉花田里套种别的农作物。为此亚拉巴马州政府决定,在当初象鼻虫灾害始发地建立一座纪念碑,以感谢象鼻虫在繁荣农业经济方面所做出的贡献。

公公说:"这个有趣的故事告诉世人,危机也包含着机遇,其实,在孩子的成长路上,危机和机遇是时刻并存的,但智慧处理,任何危机都有可能成为转机。"

他的话让我们想起了一个从中国广州来的小留学生。她初来乍到美国,语言不通、文化不理解,常常闹笑话。孩子有段时间特别自卑,满眼看到的都是困难。其实,作为在美国的留学生,跟本土孩子竞争,一定压力很大。但是,眼前的困难反而有时候会是一个新的机会。幸亏孩子在度过初期的不适应以后,没有泄气,在不断学习的同时,开始学会利用自己的双文化优势。她成立了中国舞俱乐部,还教大家学习书法。渐渐地,她的朋友越来越多,大家从她身上感受到了中国文化的独特魅力,她自己也变得越来越自信。

乐观,可以学得会

假想有一条狗,被关在笼子里,每次只要铃声一响,就有刺痛的电流遍布全身,特别痛苦。由于关在狭小的笼子中,想逃跑也没有地方。多次经历以后,这条狗渐渐放弃了反抗。到后来,只要铃声一响,哪怕笼门打开,狗不但不逃,在没有电击的情况下,也会倒地呻吟、颤抖。它本来可以主动逃避,却绝望地等待痛苦的来临,这是一种对现实的无望和无可奈何的心理状态。心理学家塞利在1967年研究动物时发现这种现象,命名为"习得性无助"。

生活当中,如果一个人总是失败,他就会渐渐放弃努力,甚至还会因此对自身产生怀疑，悲观厌世，对什么都提不起精神。

乐观和悲观虽然与生俱来，但是可以通过后天努力来改变。习得性乐观可以说是习得性无助的反面，就是个体在经历过一次成功改变不利处境后所学到的乐观心态，是勇于改变、开拓进取的体现。习得性乐观最重要的是教会人们反驳自己出现的悲观念头，以事实为依据，寻找能够支持自己乐观的证据，从而让人们更有可能采取行动，把坏事变成好事，从而改变认知和行为。

马丁·塞利格曼教授在《活出最乐观的自己》这本书中还教了大家两个方法，可以不断练习，从而改变心态。

第一个方法叫作"ABCDE"。五个字母分别代表：

A(Adversity)：不幸事件发生。

B(Belief)：我们对不幸事件的解释和态度。

C(Consequence)：不幸事件带来的不幸后果。

D(Disprove)：反驳成见，尝试乐观看待。

E(Energizing)：积极采取行动去改变现状。

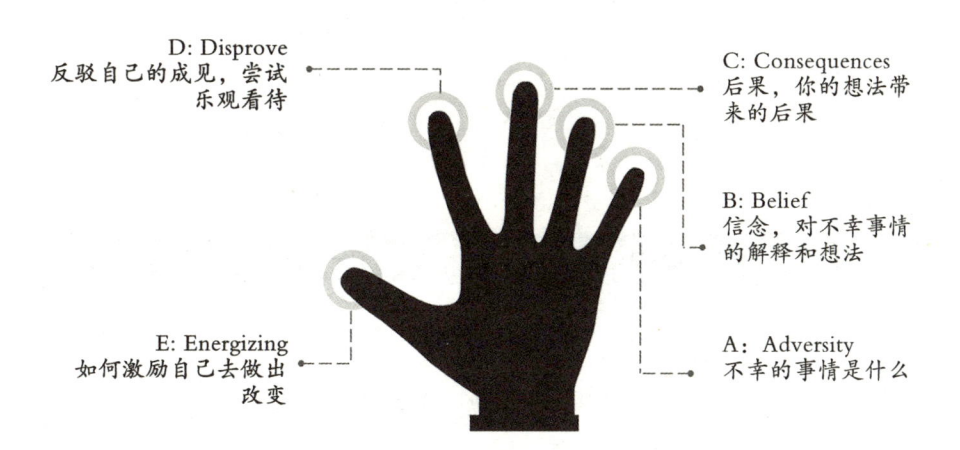

D: Disprove
反驳自己的成见，尝试乐观看待

C: Consequences
后果，你的想法带来的后果

B: Belief
信念，对不幸事情的解释和想法

E: Energizing
如何激励自己去做出改变

A：Adversity
不幸的事情是什么

比如,在程毅爆胎的例子里,不幸事件发生了(A),悲观的人会觉得沮丧,痛骂自己的愚蠢(B),并且觉得十分无助和愤怒(C),但是可以转念一想:真的是这样吗? 爆胎是不可控的,是经常在路上发生的事情,是可以找人解决的问题啊(D)。拿出手机,赶快拨打拖车公司的电话,请求帮助,同时打电话叫来一个好朋友,这样多一个帮手(E)。如此,一件坏事能马上得到解决,生活还是可以继续。

所以遇到事情不要慌张,也不要指责抱怨,而要积极想办法解决问题。

ABCDE的思考方式我们也践行在家庭教育之中。比如,自从我们家养了一条小狗以后,两个孩子总是发现自己的袜子鞋子,甚至玩具书本被狗狗咬坏(A)。两个孩子开始后悔当初养狗的决定(B),觉得养狗很麻烦,也不太喜欢陪狗玩了(C)。我们于是开了一次家庭会议,把原因分析了一下,他们想了两个好办法(D)。第一就是购买几个整理箱,把自己的文具、玩具收好,这样狗狗够不着;第二就是专门准备给狗狗磨牙的物品,比如找来几双不再穿的鞋子,剪去尖锐的部分给狗狗做玩具。后来他们还节省零花钱,专门去宠物店挑选给狗狗磨牙的玩具(E)。

"停止抱怨,想想你能做什么来解决问题"成了我们对孩子说得最多的一句提醒。

思维工具:ABCDE 从危机中寻找契机

如何使用这个工具帮助孩子以及自己转变思路?

记住:困难和问题的存在是必然的,而解决困难才是王道。

> A(Adversity)：孩子的缺点和不足之处，或者孩子遇到的困难和挑战是什么？
>
> B(Belief)：我们自己的解释和想法是什么？
>
> C(Consequence)：我们觉得会要面临的后果是什么？
>
> D(Disprove)：反思一下，我们的判断和分析一定准确吗？能否积极解决和处理问题？
>
> E(Energizing)：如何采取行动，做出第一步改变？如何激励孩子去行动，去改变？

马丁·塞利格曼教授在《活出最乐观的自己》这本书中提到的第二个改变心态的方法是理智寻找中间点。

塞利格曼教授建议说："面对不确定性，人类的思维会自动切换到最糟糕的情况，这是人类进化的结果，这样我们可以做好预防，更好地保护自己。但是这种焦虑通常不切实际，也充满了消极性。"

但是，有个办法可以试试。先从想象最坏的情况开始，然后转向最好的情况，最后转向最有可能的情况，这样我们的思考会从非理性转向理性。

我给大家举个例子。

2020年的疫情完全打乱了旅行计划，整整一年，基本只能宅家待着。"哎，疫情每天都在变化，导致了很多人的焦虑和恐惧。怎么办呢？"我婆婆感叹。

第一步：问问自己，最糟糕的情况是什么。

我们的大脑倾向于先做最坏的打算。塞利格曼说他已经77岁了，周边

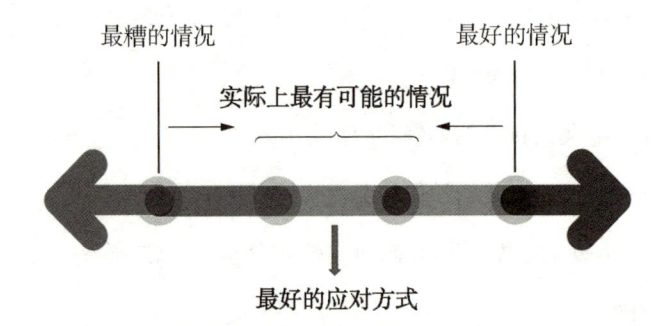

```
   最糟的情况              最好的情况
        ←  实际上最有可能的情况  →
   ←————●——●——●——●——●——→
                ↓
           最好的应对方式
```

的公共设施关闭，活动取消，容易让人想到极端："我肯定会被感染的，因为现在形势不可控。一旦我被感染，我就重病在床，痛苦死去。"

第二步： 然后强迫自己思考最佳结果。

如果往最好的地方想，他说："我肯定不会被感染的，我的家人也不会。这件事情很快会过去的，我们都会没事的。"

第三步： 接下来，考虑最有可能发生什么。

现实的结果有可能是这样的："我可能最终会被感染，但像大多数成年人一样，我的症状也许很轻微。尽管我处于危险的年龄，但我非常健康，所以我可能会觉得有点不舒服，但是在医院里，我会逐步康复。"

第四步： 最后，为现实的可能性制定一个应急方案。

按照教授的建议，对于我们家庭情况而言，最有可能的情况就是响应政府宅家的号召，做好相关防疫工作。于是，我们把防疫信息编成了很多小游戏，在互动的过程中，把相关的知识传授给孩子。同时，我们告诉孩子，如果情况恶化，应对办法有哪些。尽管宅家的日子很漫长，但是我们没有特别焦躁，每天安排得井井有条，安心渡过了难关。

每人在一生中总会遭遇很多失败，也会需要处理很多意料之外的事情。

但是,情况发生以后,并非完全无解,我们要学会冷静处理、客观对待,擅于从失败中学习,始终心向光明。

学习乐观不是一蹴而就的,需要勤加练习才行。最关键的就是改变自己的思维模式,然后勇敢面对困难,找到合理的解决途径。

看到过这样一个说法:

"想明白了?"

"想明白了。"

"放弃了?"

"没有。"

第十五章
让孩子做自己真的那么难吗？

美国有个真人秀相亲节目《爱是盲目的》(*Love is Blind*)，一个个渴望爱的年轻人在节目里寻找另一半。在各种表白当中，有一句话让我印象深刻："我渴望我的配偶能接受我，接受一个真实的我；不要尝试改变我。"我之所以对这句话印象深刻，是因为几乎每个人在提到择偶标准的时候，都会强调对方无条件接受自己的重要性，伴随着这句话，还常常伴有唉声叹气，或者泪水涟涟。

听多了以后，我不禁思考：是否我们都觉得自己不那么容易被人接受？为什么我们总想改变别人，特别是我们的孩子？无条件接受我们所爱的人，真的那么难吗？

是否要霸占导演角色？

如果把孩子的人生比作一场电影的制作，中国的父母几乎包办了所有角色，编剧、导演、剧务、摄影、美工……还美其名曰：我这样做都是为你好！

"我容易吗？"

"你还小，不懂事儿！"

"不听话，要吃大亏的！"

"我走过的桥比你走过的路还多……"

"你看看别人家的孩子，当初不听爸妈的话，现在……"

曾经热播的电视剧《小欢喜》，宋倩这位单亲妈妈就是这种角色的典型。她对于女儿，在生活上无微不至地照料着，在学习、时间安排和职业选择上强迫症般地管控着。她认为女儿的志愿应该是清华、北大，所以扼杀掉女儿想进航天局的理想。为了更好地监视女儿，她在家里做了一个带透明玻璃窗的隔音室。而这一切，都只有一个理由："我都是为你好。"

以"为你好"的名义控制着孩子的一切，真的是为孩子好吗？父母们经常喊着"为你好"，但他们做的事，往往并没有让孩子变好；不过是生怕孩子哪个环节掉链子，哪一步棋没有走好，不能顺顺利利地成为一枚金光闪闪的"螺丝钉"。

李开复在写给家长的一封信中提到他的童年经历："我记得我5岁时，父母要我读幼儿园，但是我想读小学，于是他们把选择权给了我：'如果能考上，就让你读。'这件事我会终身难忘，因为那个时候我第一次知道，一个5

岁的小孩居然有选择的权利。我特别珍惜这个选择,于是我努力读书,真的考上了我想上的学校。"

我有位华人朋友,父母都是医生,他的父母很早就计划好了他的人生轨迹,就是继承父母衣钵,也当医生。虽然这一直都不是他想从事的职业,但他很听话,没有让自己的父母失望过,本科读完医学预科,就进了著名的医学院。他毕业后实习做住院医生,最后如愿以偿做了一名医生,拥有了自己的诊所。

在他的父母看来,一切都如愿以偿,儿子成功跻身稳定的美国传统高薪职业,既一脉相传继承了父母的夙愿,也同时保持了第二代的阶层稳定性。

可是,在他运营诊所的第十年,他选择关闭了诊所,毅然放弃医生的职业,重新回到学校去读建筑设计。他的父母在获悉后勃然大怒,他则非常冷静地跟父母解释:"我知道做医生是你们对我的期望,你们也为此付出了很多代价,所以我用过去的10年时间来偿还你们为我的付出。但是,这一直不是我想要的生活,我的愿望一直就是做建筑设计师,所以我关闭了诊所。在接下来的人生时间里,我要为自己活着。"

我们也一直在反思自己应该承担什么角色,是否应该从导演兼剧务的角色过渡到电影制片人的角色呢?这样是否会给孩子更多的成长选择?

父母可以承担类似于投资人(学费承担者)和监制(教育质量控制)的角色,管理和统筹整个电影制作的专案工作(孩子的教育和前途)。工作内容包括资金筹措(各种教育支出)、预算的控制、拍摄时间进度控管等,让电影能在合理的时间与预算下完成(孩子顺利读完学位)。在拍片过程中,制片人的一举一动都容易影响到整部影片的品质(父母的言传身教影响孩子的品质),是不可缺失的角色,这才是父母真正应该做的事情,你觉得呢?

翁格玛丽效应

我们的好朋友敏是两个男孩的妈妈。她的父母刚来美国的时候吃了很多苦,所以敏勤奋向上,总是充满着斗志和能量,她目前是家健身杂志的主编。在育儿方面,她也特别用心。

她说:"不知道你们在成长的过程当中,或者听别人评价某个孩子的时候,会不会听到有人这样说话:

"'这个孩子就是很健忘,不长脑子!'

"'这是个特别笨的孩子,最简单的题目都会做错。'

"'你太挑食了,只吃肉,不吃蔬菜。'

"'他一点礼貌也没有,从来不主动打招呼。'

"'你也太懒了吧,睡到这个点才起床。'

"这些话,我统称为'标签',而且是'负面标签'。我记得小时候,身边的大人也会评价我'话太多''特别粗心'。我发现,如果我这样随意给孩子的行为贴上负面标签,久而久之,孩子会认同这种标签,变得不自信、不愿意改变。"

敏说小时候她知道自己很不擅长运动,因为她是班上最不活跃的孩子,胆小、害羞而且四肢很不协调。更糟糕的是,她讨厌把衣服弄脏,也讨厌出汗。所有与运动相关的事情,她都不会去尝试。所有认识她的人,都惊讶她现在成为了一个健身杂志的高管。

她小时候的故事主线是这样的:我不能参加任何体育锻炼或者运动。

渐渐地,这个故事主线不断被强化,父母和老师也认为她完全没有运动天赋,她的朋友们也会嘲笑她跑步的时候像个鸭子。在内心,她尽管不认同,但是接受了这个事实。随着年龄的增长,她暗自想变得更强壮、更健康,但她不知道该怎么做。她害怕尝试和失败,她根深蒂固地对自己的否定一直困扰着她。

直到她上了大学,她才有机会改写自己的现实。她无意中听到"翁格玛丽效应"。

话说有个女孩,名叫翁格玛丽,长得不是很漂亮。但是,她的家人和朋友都给她信心,从旁鼓励,每个人都对她说:"你真美。"由此,女孩有了信心,每天照镜子的时候,都觉得自己很漂亮,也在心里对自己说:"其实,你很漂亮。"渐渐地,女孩真的越来越自信,越来越漂亮。"翁格玛丽效应"指的就是正面的心理暗示能带来实际的变化。暗示自己"你很行,你能做得更好",鼓励自我挖掘潜力,增强信心。

在大学里,没人知道敏是谁。她第一次去健身房,感觉可以自由尝试新事物。去上瑜伽课时,她找到了一个安全的避难所,因为做瑜伽的时候,她可以自我探索,既不会觉得自己在炫耀什么,也不用担心要跟人竞争。就这样,她多年来一直在给自己讲的故事主线——我不是那种喜欢运动的类型——被一个新的主线所取代:也许我也可以参加一些运动呢。就这样,她开启了自我探索的旅程。

后来她锻炼越多,就越意识到自己挺爱运动的。现在三十多岁的她不仅每年跑几场马拉松,还参加了铁人三项赛,业余还在健身房做壶铃教练。她甚至还替健康杂志撰稿、做编辑。

敏的经历给了我们很深的启示。我们每个人都有一个关于"我是谁"和"为什么现实是这样或者那样"的故事。这些故事表达了我们相信什么,我们能做什么,我们能成为谁。有的故事很积极,比如"我擅长数字""我家人很爱我"或"音乐是我的生命",这样的故事可以激励我们继续发展才能,鼓励我们自信地展示,并积极建立与他人的关系。但有的时候,我们内心的想法并非那么正面和阳光,比如"我总是让家人失望"或"我学理科没有天赋"。这样的负面声音听上去很绝对,让我们自我怀疑,不敢追求。

有意思的是,同样一个事情或者经历,每个人撰写出的故事却不相同。比如,自己的爸爸如果是个厨艺高超的人,有的人会用这个理由来解释自己为什么厨艺很差,而有的人可能会觉得自己天生就适合烹饪,因为遗传了爸爸的好基因。萨尔茨博士说:"经历一件痛苦事情之后,你可能把自己当作受害者,也可能把自己当作幸存者,这只是一种自我选择而已。"

拜伦·凯蒂是《热爱现状》一书的作者。她建议读者写下对当前现实的判断,然后系统地挑战这些判断,以此来发掘那些束缚人的潜在信念。她认为,结束压力的方法是调查背后的真实原因。写下这些原因,质疑现实,然后扭转故事,思考相反的可能性。可能你会发现你的想法没有你想象的那么准确,没有那么绝对,其实还有其他的可能性的。

自我怀疑的声音也许从小就有,有时候爸爸妈妈不经意的一句批评就可以让自己丧失希望。为了避免失望,孩子开始退缩,甚至编造理由,让负面的影响听上去都不是自己的错。其实,无论多大年龄,任何人都可以改写自己的人生故事,因为人是有很多弹性和潜力的,人生要改变,什么时候都不晚。

思维工具：三步改变人生

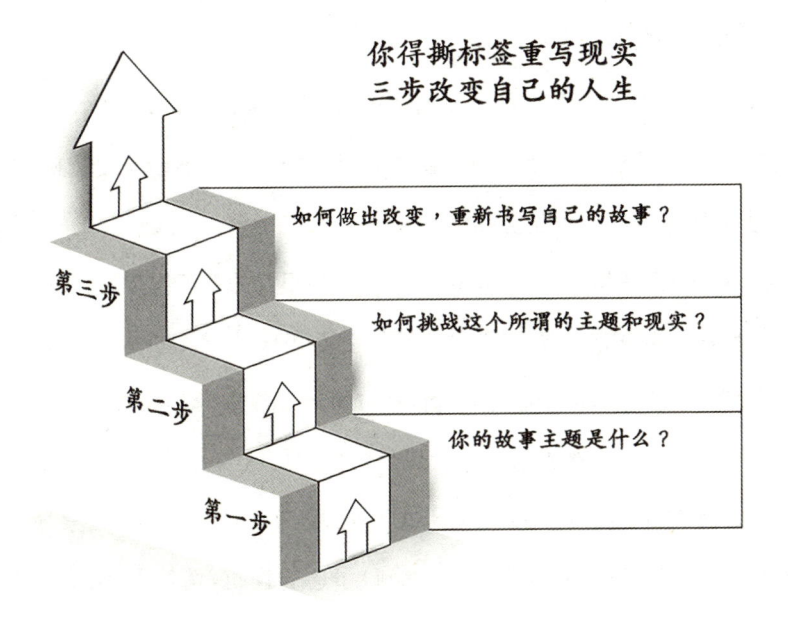

面对孩子对自己表现得不自信的时候，我们应提醒孩子，面对别人给的负面标签，要学会"改写自己的故事"！

你得撕标签重写现实
三步改变自己的人生

- 第三步：如何做出改变，重新书写自己的故事？
- 第二步：如何挑战这个所谓的主题和现实？
- 第一步：你的故事主题是什么？

SOAR 让你的优势飞翔

我在学习心理学的时候，看过一个著名的效应，叫作"保龄球效应"。

两名保龄球教练分别训练各自的队员。他们的队员都是一球打倒了 7 只瓶。教练甲对自己的队员说："很好！打倒了 7 只。"他的队员听了教练的赞扬很受鼓舞,心里想,下次一定再加把劲,把剩下的3只也打倒。教练乙则对他的队员说:"怎么搞的!还有3只没打倒。"队员听了教练的指责,心里很不服气,暗想:你怎么就看不见我已经打倒的那7只。结果,教练甲训练的队员成绩不断上升,教练乙训练的队员打得一次不如一次。

这让我想起了大儿子就是一个对于批评特别反感,对于表扬特别受用的人。以前,我总是喜欢指出他的缺点,希望他加以改进;后来,我利用"保龄球效应"总是告诉他哪个地方做得好、做得对,他在不断重复正确的事情的过程中,学会了专注优势和优点。

在思维工具里,SOAR分析法,就是一种很好的基于优势的分析工具。

SOAR本身意味着"飞翔""飞跃",有着积极的意义。四个字母分别代表优势(Strengths)、机会(Opportunities)、渴求(Aspirations)和成果(Results)。这种思维模式有利于建立积极的思考与行动,鼓励创新和跳出原有思维框架,提升积极地创新的可能性,而不是被负面因素所牵绊。SOAR基于优势分析,积极向上。当孩子遭遇挫折,情绪低落的时候尤其适用。

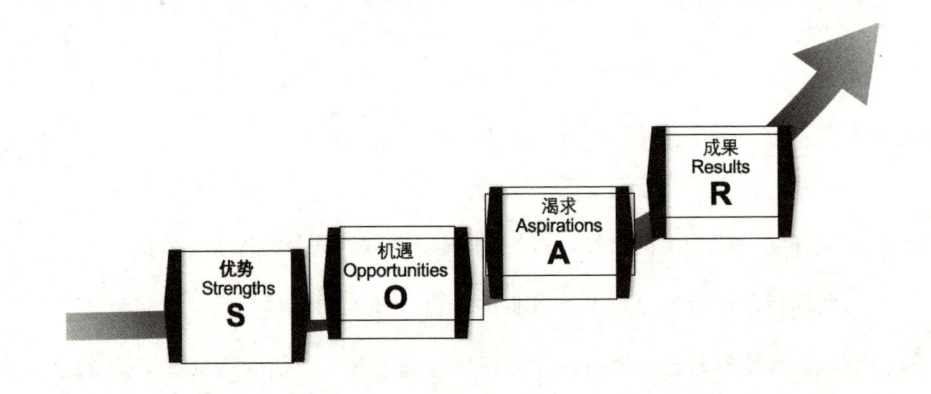

儿子学校门口的"飞翔"翅膀，上面写着："如果我飞翔失败怎么办呢？但是，我亲爱的，万一你成功了呢？"这句话旨在鼓励学生敢于探索、勇于飞翔

思维工具：SOAR

在进行 SOAR 分析时，这些问题能帮助您思考和决策。

优势：

1. 哪些是我最大的资源？
2. 哪些是最值得我自豪的成就？
3. 什么令我与众不同？
4. 我的优势说明我具有哪些技能？
5. 我如何运用优势来创造成果？
6. 大环境中哪些新的变化有利于我的发展？

机会：

1. 有哪些创新会激发我做出改变？

2. 我可以为别人创造什么价值?

3. 哪些机会最值得我为之付出努力?

4. 我如何把劣势、威胁转化成机会?

5. 别人希望我做到什么?

6. 我和其他人可以一起共创出什么?

渴望：

1. 什么愿景让我热情高涨?

2. 我最深切的渴望是什么?

3. 我想成为什么?

4. 我如何遵循内在的价值指引,实现自己的愿景?

成果：

1. 根据我的优势、机会和渴望,哪些成果可以证明我是在实现目标的路上?

2. 别人认为我最优秀的地方是什么?

3. 我有哪些实在的成果能够证明我的优势?

在依次回答这些问题的时候,可以深度挖掘有可能被自己忽略的积极方面。把信息记录下来,得出基本结论,为下一步目标制定提供参考。值得注意的是,围绕着这四个方面,可以根据孩子的兴趣,多问或者少问,尽可能让孩子来主导整个谈话。因为这个工具主要是寻找积极的一面,所以谈话尽可能往积极方向引导。

在实践中,我们希望家长更多看到自己孩子的长处,哪怕有不少缺点和短处,也想想怎么引导他们寻找契机,变短处为长处,逐步走出困境。

后记

2010年的早春,寒风中还夹杂点雪花,天气乍暖还寒,怀孕八个半月的我却浑身燥热。在大家还穿着大棉袄的时候,我穿件T恤都直冒汗,感觉自己要爆炸了,我已经等不及要迎接我的第一个宝贝的诞生了!

自从怀孕以来,我精心选择了十几本育儿书籍。无论中文英文,只要是公认的育儿宝典,我一行行划重点,一页页记笔记,渴望做好最充分的准备。每天,我逼着自己喝着各种补品,努力实践各种胎教方法,希望宝宝健康和聪明。

终于,经过产房里痛苦的十几个小时的煎熬,我迎来了一声清脆的啼哭!但是,令人始料不及的是,之前所有的笃定全都消失了,各种迷惘和困惑也随之而来。

一晃十年过去了。大儿子带着小寿星的帽子，我们围坐一桌，庆祝他的生日。程毅精心烘焙了一个草莓蛋糕，小儿子拍打着系在桌边的生日气球，我笑盈盈地举起了相机。在按下快门的那一刻，十年为人父母的心路历程在眼前一一浮现。

本书里提到的十五个主题，是在过去的十年之中，我们痛定思痛的十五个认知的提升。回到前面的"这就是水"的故事，这十五个方面，是我们对于"家庭教育"这个看不见但是十分重要的"水"的思考。

以前常常觉得教育就是知识，但是知识的获取只是过程，并非真正的目的。教育的真正价值，在于理解生活的大智慧。因为知识可以传递，而智慧，需要升华和领悟。决定生命价值的不是成绩单上的分数，或者能背下的课文和共识，而是孩子能否真正地思考和睿智地选择。而好的家庭教育会教会孩子如何思考眼前的一切；领悟往往比具有一定的知识储备更加重要。用怀特海的话说，那个应该剩下的配称为教育的东西，就是完全渗透你的身心的原理。

作为父母，我们有自己的局限性和思维定式，以至于我们一直在为了解决问题伤脑筋，却没有意识到有时候我们自己才是问题本身。如果我们能够稍微放低自己的姿态，对自我百分之百的确信进行一下质疑，停止我们意

后记

识上的一叶障目,那么我们能够看到很多以前觉得不可能或者荒谬的事情。也许换一个角度考虑,本身也没有那么不可理喻。教育是让我们意识到我们默认的设置是什么,然后有意识地改变原本的自己。

在为人父母的路上,我们觉得自己越是学习,越是觉得自己知道得太少,正所谓学海无涯、学无止境。如果我们能发自内心地真正在乎他人需要,并且每天以无数琐碎的、看似很不起眼的方式为他人付出,这就是最了不起的生活方式!

做父母这个自我反省和学习的过程是终身的,这刚好验证了另一句老话:"活到老,学到老。"放下成见,虚心地跟孩子一起,抓住一切可能的学习的机会,接纳和吸收新的知识和观点。而这些知识最终都会经过你的沉淀,变成你自己的智慧和经验。

人,不到生命终止的最后一刻,永远不知道有多大潜能。"路漫漫其修远兮,吾将上下而求索。"亲爱的孩子,我期待着跟你们一起成长的下一个十年!

看着两个孩子手牵着手,走在我们前面。我们就这么望着他们的背影,幸福而感恩!

程毅博士

刘晓博士

2021 年秋